国家职业技能鉴定

操作技能考核题库解析

保育员

（初级 中级 高级）

主　编　王学玲
副主编　闫其康　张颖新
编　者　闫　石
审　稿　徐连芳　齐　成

中国劳动社会保障出版社

图书在版编目(CIP)数据

保育员：初级　中级　高级/人力资源和社会保障部教材办公室组织编写. -- 北京：中国劳动社会保障出版社，2018

国家职业技能鉴定操作技能考核题库解析

ISBN 978-7-5167-3394-3

Ⅰ.①保…　Ⅱ.①人…　Ⅲ.①幼教人员-职业技能-鉴定-题解　Ⅳ.①G615-44

中国版本图书馆 CIP 数据核字(2018)第 112633 号

中国劳动社会保障出版社出版发行

(北京市惠新东街 1 号　邮政编码：100029)

*

北京鑫海金澳胶印有限公司印刷装订　新华书店经销

787 毫米×1092 毫米　16 开本　15 印张　273 千字

2018 年 10 月第 1 版　2024年 12月第 6 次印刷

定价：34.00 元

营销中心电话：400-606-6496

出版社网址：http://www.class.com.cn

编写说明

开展职业技能鉴定，推行国家职业资格证书制度，是促进劳动力市场建设，实现素质就业的有效措施，对于全面提高劳动者素质和职工队伍创新能力具有重要作用。国家职业技能鉴定是一项科学、客观检验劳动者专业知识与技能水平的考试活动，其方式包括理论知识考试和技能操作考核。为了使参加职业技能鉴定的广大考生对国家职业技能鉴定内容和鉴定方式有一个全面的了解，更好地复习备考，人力资源社会保障部教材办公室组织参与国家题库开发的命题专家，编写了《国家职业技能鉴定考前冲刺与真题详解》和《国家职业技能鉴定操作技能考核题库解析》。其中《国家职业技能鉴定考前冲刺与真题详解》主要是理论知识考试的真题与解析，《国家职业技能鉴定操作技能考核题库解析》主要是操作技能考核的真题与解析。

《国家职业技能鉴定操作技能考核题库解析》是《国家职业资格培训教程》（以下简称《教程》）的配套辅助教材，初级（国家职业资格五级）、中级（国家职业资格四级）、高级（国家职业资格三级）合编为一册，包括考核指导和题库解析两大部分内容：

考核指导——包括试卷构成、考核内容结构表、题型介绍和考生准备 4 项内容，旨在帮助考生全面了解技能操作考核形式。

- 试卷构成：介绍技能操作考核试卷的组成结构。
- 考核内容结构表：以列表方式介绍技能操作考核的鉴定范围、选考方式、鉴定比重、考试时间和考核形式。
- 题型介绍：介绍技能考核各种题型的答题要求和方式。
- 考生准备：介绍学生在技能操作考核前的准备工作。

题库解析——按照初级（国家职业资格五级）、中级（国家职业资格四级）、高级（国家职业资格三级）三个级别编写，每个级别中包括考核内容、操作解析、模拟考核，旨在使读者深入理解考核要点的要求，并熟练掌握考核要点要求的操作技能。

- 考核内容：以技能操作鉴定考核要素细目表的形式列出考核内容。
- 操作解析：根据技能操作考核的要求，逐条对考核内容中考核要点的操作技能进行具体指导。
- 模拟考核：通过完整的操作技能考核模拟试卷使考生进入鉴定考核实战空间。

《国家职业技能鉴定操作技能考核题库解析》适用于组织开展社会化鉴定、职业院校鉴定、行业鉴定以及企业技能人才评价考前培训使用，也适用于准备参加鉴定考试的人员学习参考。

编写《国家职业技能鉴定操作技能考核题库解析》有相当的难度，是一项探索性工作。由于时间仓促，缺乏经验，不足之处在所难免，欢迎各使用单位和个人提供宝贵意见和建议。

目录

第一部分　考核指导

第二部分　题库解析

保育员（初级）

保育员（中级）

保育员（高级）

第一部分
考核指导

试卷构成

操作技能考核有多种考核方式。本职业初级采用笔试题型，共两道大题；中级采用笔试题型，共两道大题；高级采用笔试和操作题型，笔试共两道大题（详见考核内容结构表）。

职业技能鉴定操作技能试卷一般由以下 3 部分内容组成。

1. 操作技能考核准备通知单

通知单分为鉴定机构准备通知单和考生准备通知单，在考核前分别发给考核现场和考生，主要规定考核所需场地、设备、材料、工具及其他准备要求。

2. 操作技能考核试卷正文

内容为操作技能考核试题，包括试题名称、试题分值、考核时间、考核形式、具体考核要求等。

3. 操作技能考核评分记录表

内容为操作技能考核试题配分与评分标准，用于考评员评分记录。主要包括各项考核内容、考核要点、配分与评分标准、否定项及说明、考核分数加权汇总方法等。必要时包括总分表，即记录考生本次操作技能考核所有试题成绩的汇总表。

考核内容结构表

保育员操作技能考核内容结构表按初级、中级、高级，分别列出了保育员操作技能考核的鉴定范围、选考方式、鉴定比重、考试时间和考核形式。依据考核内容结构表进行考试，初级两道大题，鉴定比重为 100%，考核时间为 180 分钟；中级两道大题，鉴定比重为 100%，考核时间为 180 分钟；高级笔试两道大题，操作一题，鉴定比重为 100%，考核时间为 180 分钟。

初级保育员操作技能考核内容结构表

级别	鉴定要求＼鉴定范围	清洁消毒		生活管理							配合教育活动			安全工作			培训与指导	合计
		环境卫生	消毒	晨、午、晚检与体检	预防接种	进餐	饮水	盥洗如厕	睡眠	物品保管	室内教育活动	室外教育活动	环境创设	常规安全措施	防止意外伤害	安全教育	实际操作指导	
初级	选考方式	必考	必考	必考	—	必考	必考	必考	必考	必考	必考	必考	—	必考	必考	—	—	12 项
	鉴定比重(%)	10	10	6	—	10	6	6	10	6	10	10	—	10	6	—	—	100
		20		44							20			16				
	考试时间(分钟)	35		80							35			30			—	180
	考核形式	填空 5 题 问答 1 题		填空 7 题 问答 3 题							填空 5 题 问答 1 题			填空 3 题 问答 1 题			—	填空 20 题 问答 6 题

备注：问答题中 3 题为录像案例分析问答，3 题为文字案例分析问答或论述问答。

中级保育员操作技能考核内容结构表

级别	鉴定要求 \ 鉴定范围	清洁消毒		生活管理							配合教育活动			安全工作			培训与指导	合计
		环境卫生	消毒	晨、午、晚检与体检	预防接种	进餐	饮水	盥洗如厕	睡眠	物品保管	室内教育活动	室外教育活动	环境创设	常规安全措施	防止意外伤害	安全教育	实际操作指导	
中级	选考方式	—	必考	必考	—	必考	—	必考	必考	—	必考	必考	—	必考	必考	—	—	9 项
	鉴定比重（%）	—	10	10	—	10	—	10	10	—	16	14	—	10	10	—	—	100
		10		40							30			20				
	考试时间（分钟）	20		70							55			35			—	180
	考核形式	填空 3 题 问答 1 题		填空 5 题 问答 3 题							填空 5 题 问答 2 题			填空 2 题 问答 1 题			—	填空 15 题 问答 7 题

备注：问答题中 3 题为录像案例分析问答，4 题为文字案例分析问答或论述问答。

高级保育员操作技能考核内容结构表

级别	鉴定范围 / 鉴定要求	清洁消毒		生活管理							配合教育活动			安全工作			培训与指导	合计
		环境卫生	消毒	晨、午、晚检与体检	预防接种	进餐	饮水	盥洗如厕	睡眠	物品保管	室内教育活动	室外教育活动	环境创设	常规安全措施	防止意外伤害	安全教育	实际操作指导	
高级	选考方式	—	必考	必考	必考	必考	—	必考	必考	—	必考	必考	必考	—	—	必考	必考	11 项
	鉴定比重（%）	—	10	5	5	10	—	5	5	—	16	14	10	—	—	10	10	100
		10		30							40			10			10	
	考试时间（分钟）	20		70							30			30			30	180
	考核形式	填空 5 题		填空 7 题 问答 3 题							填空 5 题 问答 1 题			填空 3 题 问答 1 题			实际操作 1 题	填空 20 题 问答 5 题 实际操作 1 题

备注：问答题中 3 题为录像案例分析问答，2 题为文字案例分析问答或论述问答。

题型介绍

初级保育员操作技能考核的题型包括填空题、问答题，中级保育员操作技能考核的题型包括填空题、问答题，高级保育员操作技能考核的题型包括填空题、问答题、实际操作题。

填空题。将正确答案填入题内空白处。

问答题。本职业考试的问答题有两种形式，一种是录像题，即让考生观看一段录像，再在答题纸上根据录像中的内容回答相应问题。另一种是书面题，根据案例或图片回答问题。

实际操作题。包括动作示范、朗读儿歌、根据主题绘画。

考生准备

1. 做好考前的针对性练习

2. 做好考场的适应性练习

临近考试前，要熟悉鉴定考试环境，根据鉴定范围熟悉考核内容。

3. 了解否定项

出现重大事故做零分处理。

4. 重点提示

考生必须听从鉴定站工作人员的统一指挥，按准考证的要求进入指定考场、考位。

携带准考证、身份证等证件。

仔细阅读试卷，明确考题和考核要求，形成正确的操作思路。

把握好时间，合理分配，以免因时间不够而影响考核成绩。

严格按操作程序进行。

第二部分

题库解析

保育员（初级）

保育员（中级）

保育员（高级）

保育员（初级）

考核内容

初级保育员操作技能鉴定考核要素细目表

考核范围		考核比重	名称	重要程度
清洁消毒	环境卫生	10%	活动室和寝室卫生工作的准备工作	掌握
			活动室和寝室卫生工作的顺序	掌握
			打扫活动室的具体操作	掌握
			打扫寝室的具体操作	掌握
			活动室和寝室卫生工作的注意事项	掌握
			盥洗室卫生工作的准备工作	掌握
			盥洗室卫生工作的顺序	掌握
			盥洗室卫生工作的标准	掌握
			盥洗室卫生工作的具体操作	掌握
			盥洗室卫生工作的注意事项	掌握
			开窗通风的工作顺序	掌握
			开窗通风的注意事项及相关知识	熟悉
	消毒	10%	毛巾的消毒	掌握
			水杯的消毒	掌握
			抹布的消毒	掌握
			玩具、图书的消毒	掌握
			消毒工作的注意事项	掌握
			常用的消毒方法	掌握
			消毒液配制的工作程序	掌握
			消毒液配制的注意事项	掌握
生活管理	晨、午、晚检与体检	6%	日托幼儿园晨、午、晚检的协助工作	掌握
			整托幼儿园晨、午、晚检的协助工作	掌握
			喂药的工作程序及注意事项	掌握
			协助体检的工作程序	掌握

续表

考核范围		考核比重	名称	重要程度
生活管理	进餐	10%	三餐的保温和保洁的工作程序	掌握
			三餐的保温和保洁工作的注意事项	掌握
			分发餐具的工作程序	掌握
			分发餐具工作的注意事项	掌握
			分发饭菜的工作程序	掌握
			分发饭菜工作的注意事项	掌握
			营造进餐物质环境的工作要求	掌握
			营造进餐精神环境的工作要求	掌握
			组织婴幼儿科学进餐的注意事项	掌握
			组织婴幼儿科学进餐的相关知识	熟悉
	饮水	6%	准备饮用水的工作程序	掌握
			准备饮用水的注意事项及相关知识	熟悉
			组织三岁以下幼儿饮水的工作程序	掌握
			组织三岁以上幼儿饮水的工作程序	掌握
			培养婴幼儿良好的饮水习惯	掌握
			组织婴幼儿饮水的注意事项	掌握
	盥洗如厕	6%	为婴幼儿盥洗准备毛巾的工作程序	掌握
			照顾婴幼儿盥洗的工作程序	掌握
			照顾婴幼儿盥洗的注意事项	掌握
			指导婴幼儿洗手的工作要求	掌握
			照顾婴幼儿大小便的工作程序	掌握
	睡眠	10%	创设婴幼儿良好睡眠环境的工作程序	掌握
			创设婴幼儿良好睡眠环境的注意事项	掌握
			培养婴幼儿正确的睡眠姿势的工作程序	掌握
			培养婴幼儿正确的睡眠姿势的注意事项	掌握
			正确处理婴幼儿遗尿问题的工作程序	熟悉
			正确处理婴幼儿遗尿问题的注意事项	熟悉
			指导婴幼儿穿脱衣服的工作程序	掌握
			指导婴幼儿穿脱衣服的注意事项	掌握
			整理床铺的工作程序	掌握

续表

考核范围		考核比重	名称	重要程度
生活管理	物品保管	6%	物品管理记录的基本要求	掌握
			衣物、被褥、寝具的管理要求	掌握
			玩教具的管理要求	掌握
			图书的管理要求	掌握
			更换、维修设备的工作要求	熟悉
配合教育活动	室内教育活动	10%	保育工作记录的工作程序	掌握
			保育工作记录的注意事项	掌握
			室内教育活动前的准备工作要求	掌握
			室内教育活动后的收拾整理工作要求	掌握
			各种教育活动常用的设备和材料	熟悉
			活动前准备和活动后整理工作的注意事项	掌握
			纠正婴幼儿不良姿势的工作程序	掌握
			纠正婴幼儿不良姿势的相关知识	熟悉
			纠正婴幼儿不良姿势的注意事项	掌握
	室外教育活动	10%	室外活动场地材料准备的工作要求	掌握
			室外活动结束后收拾整理的工作要求	掌握
			幼儿园室外活动的常用设备和材料	熟悉
			婴幼儿室外活动的安全保卫措施	掌握
			协助教师组织婴幼儿室外活动的工作程序	掌握
			协助教师组织婴幼儿室外活动的注意事项	掌握
安全工作	常规安全措施	10%	活动材料选择的安全卫生要求	掌握
			户外活动场所的安全要求	掌握
			室内活动场所的安全要求	掌握
			幼儿园房舍的配置及卫生原则	熟悉
			幼儿园生活用房的卫生要求	掌握
			幼儿园各种设备和卫生用具的卫生要求	掌握
			婴幼儿着装检查的工作程序	掌握
			婴幼儿着装检查的相关知识	熟悉
	防止意外伤害	6%	危险用品保管的工作程序	掌握
			药品保管的工作程序	掌握

续表

考核范围		考核比重	名称	重要程度
安全工作	防止意外伤害	6%	测量体温及物理降温的操作方法	掌握
			喂药的操作方法	掌握
			翻转眼皮及滴眼药水的操作方法	掌握
			滴耳、鼻药水的操作方法	掌握
			简易通便的操作方法	掌握
			蹭破皮肤的处理方法	掌握
			扎伤的处理方法	掌握
			划伤、切伤的处理方法	掌握
			挤伤的处理方法	掌握
			鼻出血的处理方法	掌握

操作解析

考核要点1——活动室和寝室卫生工作的准备工作及工作顺序

重点掌握

◇了解卫生工作的各项准备及工作顺序。

失分点

◇遗漏准备项目。

◇工作顺序错误。

【训练：填空题】

1. 活动室和寝室卫生工作的准备包括准备桶、盆、________、________、84消毒液等。

【答题思路】

活动室和寝室卫生工作的准备包括准备桶、盆、擦拭不同位置的抹布、洗涤剂、84消毒液等。

【解答】

答案：擦拭不同位置的抹布　洗涤剂

2. 活动室和寝室卫生每日小扫除的工作顺序是：________、窗台、门框、________、玩具角设施、________、床栏杆，然后是________。

【答题思路】

活动室和寝室卫生每日小扫除的工作顺序是：窗棂、窗台、门框、玩具柜、玩具角设施、桌椅、床栏杆，然后是擦地和摆放桌椅。

【解答】

答案：窗棂　玩具柜　桌椅　擦地和摆放桌椅

3. 保育员打扫寝室的程序是________、________。

【答题思路】

保育员打扫寝室的程序是开窗通风、擦拭床铺。

【解答】

答案：开窗通风　擦拭床铺

考核要点 2——打扫活动室的具体操作

重点掌握

◇打扫活动室的具体操作顺序。

失分点

◇打扫活动室的具体操作顺序错误。

【训练 1：填空题】

活动室扫除规则的时间要求是________，活动室地面的扫除规则是________。

【答题思路】

活动室扫除规则的时间要求是每天至少擦拭一次窗台、玩具柜游戏角等，活动室地面的扫除规则是地面干净、无污物、无尘土、无多余物品。

【解答】

答案：每天至少擦拭一次窗台、玩具柜游戏角等　地面干净、无污物、无尘土、无多余物品

【训练 2：实际操作题】活动室清洁

1. 考核要求

考生能熟悉活动室清洁工作中擦拭门和桌椅、清洁玩具柜和清洁地面的工作要

求，按照正确的方法和顺序进行清洁，掌握活动室清洁的基本步骤和工作要点。

2. 准备工作

保育员穿好工作服，准备干净抹布 3 块、笤帚、簸箕、拖把、清洁剂等。

3. 考核时限

完成该考题操作基本时间为 15 分钟，每超过 1 分钟从本题总分中扣除 5%，操作时间超过 30 分钟本题为 0 分。

【答题思路】

（1）清洁前的准备。穿好工作服装，要求隔离衣衣扣全部扣好，头发全部塞进帽子里；准备干净抹布、笤帚、簸箕、拖把等工具和清洁用品。

（2）擦拭门。擦拭门框时，要求从上到下，用干净的半干抹布擦拭门框和门边棱的四周；擦拭门主体时，要求从上到下，用干净的半干抹布擦拭门主体部分的正反两面；擦拭门把手时，要求用干净的湿抹布擦拭门把手后，用清洁剂彻底擦拭有油污处，再用半干抹布擦拭门把手。

（3）擦拭桌面。第一次清水擦拭时，要求用清水抹布将桌面完整擦拭一遍；再用肥皂水擦拭时，要求用抹布蘸肥皂水擦拭桌面，并清理油污处；第二次清水擦拭时，要求用清水抹布将肥皂残留液擦拭干净。

（4）清洁玩具柜。先用干净的湿抹布擦拭玩具柜里层和外层，再将清洁后的玩具整齐地摆放在清洁后的玩具柜内。

（5）清洁地面。扫地时，压住笤帚，由里向外清扫，将垃圾收拾干净；拖地时，要选择半干的干净拖把，从里向门口倒退着左右横拖。

【操作步骤】

步骤 1　操作前准备

穿好工作服，扣好衣扣，将头发塞进帽子里。准备干净抹布、笤帚、簸箕、拖把、清洁剂。衣扣要全部扣好，头发不能露在帽子外。

步骤 2　擦拭门

从上到下，用干净的半干抹布擦拭门框和门边棱的四周。从上到下，用干净的半干抹布擦拭门主体部分的正反两面。用干净的湿抹布擦拭门把手后，用清洁剂彻底擦拭有油污处，再用半干抹布擦拭门把手。

步骤 3　擦拭桌面

用清水抹布将桌面完整擦拭一遍。用抹布蘸肥皂水擦拭桌面，并清理油污处。用清水抹布将肥皂残留液擦拭干净。

步骤 4　清洁玩具柜

用干净的湿抹布擦拭玩具柜里层和外层。将清洁后的玩具整齐地摆放在清洁后的玩具柜内。

步骤 5　清洁地面

压住笤帚，由里向外清扫，将垃圾收拾干净。选择半干的干净拖把，从里向门口倒退着左右横拖。

【评分项目及标准】

活动室清洁评分项目及标准

评分项目	评分要点	配分	评分标准及扣分
1. 清洁前的准备	穿好工作服装	1	隔离衣衣扣全部扣好，头发全部塞进帽子里。1 分 衣扣未扣好，头发露在外面各扣 0.5 分
	准备清洁用品和工具	1	准备干净抹布、笤帚、簸箕、拖把和清洁剂。1 分 清洁工具和清洁剂未按要求准备好酌情扣 0.5～1 分
2. 擦拭门	擦拭门框	1	从上到下，用干净的半干抹布擦拭门框和门边棱的四周。1 分 顺序不对或擦拭范围不够酌情扣 0.5～1 分
	擦拭门主体	1	从上到下，用干净的半干抹布擦拭门主体部分的正反两面。1 分 顺序不对或擦拭范围不够酌情扣 0.5～1 分
	擦拭门把手	1	用干净的湿抹布擦拭门把手后，用清洁剂彻底擦拭有油污处；再用半干抹布擦拭门把手。1 分 未使用清洁剂彻底清洁油污者扣 0.5 分
3. 擦拭桌面	第一次清水擦拭	1	用清水抹布将桌面完整擦拭一遍。1 分 擦拭但擦拭不完整扣 0.5 分，不用清水擦拭不得分
	肥皂水擦拭	1	用抹布蘸肥皂水擦拭桌面，并清理油污处。1 分 未使用肥皂水扣 0.5 分，油污清理不彻底者扣 0.5 分

续表

评分项目	评分要点	配分	评分标准及扣分
3. 擦拭桌面	第二次清水擦拭	1	用清水抹布将肥皂残留液擦拭干净。1分 桌面有残留皂液者扣0.5分，未用清水擦拭不得分
4. 清洁玩具柜	清洁玩具柜	1	用干净的湿抹布擦拭玩具柜里层和外层。1分 擦拭范围不完整者扣0.5分
	摆放物品	1	将清洁后的玩具整齐地摆放在清洁后的玩具柜内。1分 摆放不整齐扣1分
5. 清洁地面	扫地	1	压住笤帚，由里向外清扫，将垃圾收拾干净。1分 清扫方向不对扣0.5分，垃圾收拾不干净扣0.5分
	拖地	1	选择半干的干净拖把，从里向门口倒退着左右横拖。1分 拖把太湿或太干扣0.5分，拖地时方向性错误不得分
合计		12	

考核要点3——活动室和寝室卫生工作的注意事项

重点掌握

◇活动室和寝室卫生工作的注意事项的内容。

失分点

◇对注意事项的内容掌握不明确。

【训练1：填空题】

1. 幼儿园应采用________扫地的方法，防止尘土飞扬。擦地应使用半干的墩布，防止地面有________。

【答题思路】

幼儿园应采用湿性扫地的方法，防止尘土飞扬。擦地应使用半干的墩布，防止地面有水迹。

【解答】

答案：湿性　水迹

2. 保育员在从事活动室和寝室的卫生活动中，擦拭工作应________，尤其应注意________。

【答题思路】

保育员在从事活动室和寝室的卫生活动中，擦拭工作应认真细致清除，尤其应注意死角的灰尘。

【解答】

答案：认真细致清除　死角的灰尘

【训练 2：问答题】

活动室和寝室卫生工作的注意事项有哪些？

【答题思路】

湿性扫地→擦拭工作应认真细致→注意清除死角的灰尘→消毒液擦拭后应再用清水擦拭→卫生工作贯彻全天。

【解答】

答案：

（1）幼儿园应采用湿性扫地的方法，防止尘土飞扬。擦地应使用半干的墩布，防止地面有水迹。

（2）保育员在从事活动室和寝室的卫生工作中，擦拭工作应认真细致清除，尤其应注意死角的灰尘。

（3）用消毒液擦拭后应再用清水擦拭，防止消毒液的存留。

（4）卫生工作不是一时性的，应贯彻全天，做到随脏随擦。随时保持活动室和寝室的清洁。

考核要点4——盥洗室卫生工作的准备工作

重点掌握

◇了解卫生工作的准备内容。

失分点

◇遗漏准备项目。

【训练：填空题】

盥洗室卫生工作的准备，包括擦拭不同位置的________、水桶、________、________、漂白粉或其他消毒剂。

【答题思路】

盥洗室卫生工作的准备，包括擦拭不同位置的抹布和墩布、水桶、清洁盆、去污粉、漂白粉或其他消毒剂。

【解答】

答案：抹布和墩布　清洁盆　去污粉

考核要点5——盥洗室卫生工作的顺序及标准

重点掌握

◇盥洗室卫生工作的顺序及标准。

失分点

◇盥洗室卫生工作的顺序错误及标准不明。

【训练：问答题】

简述盥洗室卫生工作的程序及标准。

【答题思路】

开窗通风，清理污物，冲洗便池、水池→清洁框、墙壁、灯、镜子及柜子→清洁地面→摆放经消毒的杯子→换上洗净、消毒后的毛巾→准备卫生纸→准备香皂。

【解答】

答案：

工作程序：(1) 开窗通风，清理污物，冲洗便池、水池；清洁框、墙壁、灯、镜子及柜子；清洁地面。

（2）摆放经消毒的杯子，一人一杯。

（3）换上洗净、消毒后的毛巾，一人一巾。

（4）准备卫生纸。

（5）准备香皂。

工作标准：（1）清洁、通风。

（2）水池的下水处无头发、污物，地面无积水、污渍，室内无垃圾堆放。

（3）门窗、镜框、灯、柜清洁、干净。

（4）便池、马桶及时冲洗，无尿碱、无臭味、无蚊蝇。

考核要点6——盥洗室卫生工作的具体操作

重点掌握

◇盥洗室卫生工作的具体操作方法。

失分点

◇盥洗室卫生工作的具体操作方法不对。

【训练：填空题】

1. 清洁便池应重点擦拭池底、________、下水道管口________处，做到无尿碱、无臭味。

【答题思路】

清洁便池应重点擦拭池底、拐角、下水道管口10厘米处，做到无尿碱、无臭味。

【解答】

答案：拐角　10厘米

2. 盥洗室内，应将香皂放入皂盒内，或放入一个小________内。每个________下面都要有一块香皂。

【答题思路】

盥洗室内，应将香皂放入皂盒内，或放入一个小网兜内。每个水龙头下面都要有一块香皂。

【解答】

答案：网兜　水龙头

考核要点7——盥洗室卫生工作的注意事项

重点掌握

◇盥洗室卫生工作注意事项的内容。

失分点

◇遗漏某项应注意的问题。

【训练：问答题】

简述盥洗室卫生工作应注意的问题。

【答题思路】

地面清洁、干爽→清洁双手→摆放水杯和毛巾→及时冲洗便池→全天敞开盥洗室窗户。

【解答】

答案：盥洗室卫生工作应注意以下问题。

（1）注意保持盥洗室地面清洁、干爽，防止婴幼儿滑倒。

（2）清洁双手后，再摆放水杯和毛巾。

（3）提醒婴幼儿大小便后及时冲洗。

（4）全天敞开盥洗室的窗户。

考核要点8——开窗通风的工作顺序及注意事项

重点掌握

◇开窗通风的工作顺序及注意事项。

失分点

◇对开窗通风的相关知识了解不够。

【训练：填空题】

1. 幼儿园常用的通风方式主要有________、________两种。

【答题思路】

幼儿园常用的通风方式主要有自然通风、人工通风两种。

【解答】

答案：自然通风　人工通风

2. 采用自然通风时室温仍达到________℃以上应采用人工通风的辅助设备，如电风扇、________、空调等。

【答题思路】

采用自然通风时室温仍达到 30℃以上应采用人工通风的辅助设备，如电风扇、排风扇、空调等。

【解答】

答案：30　排风扇

3. 保育员应能够根据________、气温、________，决定________的时间、开窗的________及开窗的大小。

【答题思路】

保育员应能够根据季节、气温、风力的大小，决定开窗通风的时间、开窗的数量及开窗的大小。

【解答】

答案：季节　风力的大小　开窗通风　数量

考核要点 9——幼儿园各类用具的消毒方法

重点掌握

◇幼儿园各类用具的消毒方法。

失分点

◇各类用具消毒的工作程序错误。

【训练 1：填空题】

1. 清洁用具经常性消毒的做法是：________，________。

【答题思路】

清洁用具经常性消毒的做法是：每次用后及时洗净，保持干燥。

【解答】

答案：每次用后及时洗净　保持干燥

2. 衣服、被褥、书籍、玩具适合用________消毒；各种耐热物品放入蒸汽消毒柜________分钟，灭菌效果极佳。

【答题思路】

衣服、被褥、书籍、玩具适合用日晒法消毒；各种耐热物品放入蒸汽消毒柜 40 分钟，灭菌效果极佳。

【解答】

答案：日晒法　40

3. 常用的餐具消毒方法是________和________。

【答题思路】

常用的餐具消毒方法是煮沸法和蒸汽消毒法。

【解答】

答案：煮沸法　蒸汽消毒法

4. 毛巾消毒程序的正确字母排序是________。

A. 搓洗、漂洗　　B. 消毒剂浸泡

C. 洗涤剂水浸泡　　D. 流动清水冲洗干净

【答题思路】

毛巾消毒的程序是：洗涤剂水浸泡→搓洗、漂洗→消毒剂浸泡→流动清水冲洗干净。

【解答】

答案：C—A—B—D

5. 水杯的消毒首先要________，其次________，再用消毒剂浸泡，最后用流动清水冲洗干净。

【答题思路】

水杯的消毒首先要洗，其次冲，再用消毒剂浸泡，最后用流动清水冲洗干净。

【解答】

答案：洗　冲

6. 玩具消毒可用________浸泡 1 分钟，每周________。

【答题思路】

玩具消毒可用 0.5%的洗涤液或 84 消毒液浸泡 1 分钟，每周 1 次。

【解答】

答案：0.5%的洗涤液或 84 消毒液　1 次

7. 用洗涤剂洗净抹布后，可用________或者________浸泡 2 分钟。

【答题思路】

用洗涤剂洗净抹布后，可用 84 消毒液或者 0.5%漂白粉澄清液浸泡 2 分钟。

【解答】

答案：84 消毒液　0.5%漂白粉澄清液

【训练 2：问答题】

分析下面的例子，并谈谈如何进行毛巾消毒。

保育员小王把婴幼儿用过的毛巾一一收起，装进毛巾袋，就送去消毒房消毒。取回后，小王用清水搓洗，逐一挂在幼儿毛巾架上。

【答题思路】

毛巾消毒的一般工作程序：浸泡→搓洗、漂洗→消毒液浸泡（送去消毒房消毒）→用流动清水冲洗干净→用消毒过的夹子或洗干净手后把毛巾挂好。

【解答】

参考答案：保育员消毒程序错误。根据毛巾消毒的要求，正确做法是：(1) 用自来水浸湿毛巾。(2) 用洗衣粉或洗涤剂浸泡约 20 分钟，搓洗后用流动清水漂洗。(3) 送去消毒房消毒。(4) 用流动清水冲洗干净。(5) 用消过毒的夹子或洗干净手后把毛巾挂好。小王在将用过的毛巾送去消毒前未浸泡、搓洗、漂洗，所以程序错误。

考核要点 10——消毒工作的注意事项

重点掌握

◇消毒工作的注意事项。

失分点

◇不能严格按照注意事项的要求操作。

【训练：问答题】

简述消毒工作的注意事项。

【答题思路】

毛巾、水杯、餐具的消毒→抹布、墩布、水桶的清洁→循环使用的餐具和餐巾的消毒。

【解答】

答案：消毒工作的注意事项主要有以下几点。

(1) 使用消毒剂后，要用清水将消毒剂的残余液体除掉。

(2) 对毛巾、水杯消毒后，应使用消过毒的夹子将其夹出，放到架子上，或将手洗净，把物品归位，尽量避免用不清洁的手触摸，造成污染。

（3）毛巾、水杯及餐具的消毒，应首先清洗黏附在上面的污物，然后进行各种形式的消毒。

（4）抹布、墩布、水桶等用具要专用，用后及时清洗，保持其干燥。

（5）循环使用的餐具和餐巾，每次使用后应消毒。

考核要点11——消毒液配制工作程序、注意事项及常用的消毒方法

重点掌握

◇幼儿园消毒液配制的工作程序及常用的消毒方法。

失分点

◇消毒液配制的工作程序不正确。

【训练：填空题】

1. 保育员在进行消毒液的配制时，要根据________或________，配制所需要的消毒液。

【答题思路】

保育员在进行消毒液的配制时，要根据配制比例或医生要求，配制所需要的消毒液。

【解答】

答案：配制比例　医生要求

2. 消毒液配制工作程序正确的字母排列顺序是________。

A. 将配制好的消毒液放置在婴幼儿无法拿到的地方

B. 将消毒液搅拌均匀

C. 按照要求准备水盆或水桶及量杯

D. 按配制比例，在盆或桶中准备相应份数的水，用量杯将相应分量的药液倒入其中

【答题思路】

消毒液配制工作程序是：（1）按照要求准备水盆或水桶及量杯；（2）按配制比例，在盆或桶中准备相应份数的水，用量杯将相应分量的药液倒入其中；（3）将消毒液搅拌均匀；（4）将配制好的消毒液放置在婴幼儿无法拿到的地方。

【解答】

答案：C—D—B—A

3. 幼儿园常用的消毒方法主要有：________、________、________、________。

【答题思路】

幼儿园常用的消毒方法主要有：煮沸法、蒸汽法、日晒法、药品消毒法。

【解答】

答案：煮沸法　蒸汽法　日晒法　药品消毒法

4. 消毒液配制过程中应注意安全，严格按照________的要求，________消毒液。

【答题思路】

消毒液配制过程中应注意安全，严格按照时间、地点的要求，妥善放置消毒液。

【解答】

答案：时间、地点　妥善放置

考核要点12——日托幼儿园晨、午、晚检的协助工作

重点掌握

◇协助教师和保健医生进行晨、午、晚检工作。

失分点

◇晨、午、晚检工作协助工作不到位。

【训练1：填空题】

1. 日托幼儿园中，在对婴幼儿进行晨、午、晚检之前，保育员应帮助婴幼儿脱________，并将之叠放整齐，放在________的地方。

【答题思路】

日托幼儿园中，在对婴幼儿进行晨、午、晚检之前，保育员应帮助婴幼儿脱衣服，并将之叠放整齐，放在固定的地方。

【解答】

答案：衣服　固定

2. 日托幼儿园中，晨检时保育员要对婴幼儿带来的药物进行________，并将它们放在________；要协助检查婴幼儿的衣兜，将婴幼儿带来的________暂时保存起来；指导婴幼儿用________漱口。

【答题思路】

日托幼儿园中，晨检时保育员要对婴幼儿带来的药物进行详细登记，并将它们放在婴幼儿够不到的地方；要协助检查婴幼儿的衣兜，将婴幼儿带来的小物件暂时保存起来；指导婴幼儿用盐水漱口。

【解答】

答案：详细登记　婴幼儿够不到的地方　小物件　盐水

【训练 2：问答题】

观看案例演示片 3 遍，找出保育员在进行日托幼儿园晨检工作时，程序中出现的工作失误中的 3 个，并指出相应的正确做法。日托幼儿园晨、午、晚检的规范工作程序要求是什么？

晨检时间，保育员站在教室门口接待来园的孩子。有两个小朋友进了教室跟老师打了声招呼，保育员分别检查了两个孩子的额头及下颌，并询问孩子有没有不舒服，就让孩子们进了教室。一个家长带着一个小男孩进了教室，互相打过招呼后，家长对保育员说："星期天他去了表哥家，他表哥得了手足口病，不过他的身体还是挺好的。"保育员说："是吗，让老师看看。"然后撩起孩子的衣服看了看孩子前胸和后背，说："真的没事，放下书包去玩吧！"紧接着，另一个家长带着他的女儿进了教室，并且拿了一瓶药对保育员说："医生说她的身体不好，需要补充维生素，请您按时给她服药。"保育员接过药瓶，顺手放在桌子上，然后就去照看孩子们了。

【答题思路】

日托幼儿园晨检时，保育员应做的工作如下：帮助婴幼儿脱外套、摘帽子，叠放整齐，放在固定地方；对婴幼儿带来的药物进行详细登记；检查婴幼儿衣兜，将幼儿带来的小物件暂时保存起来；指导婴幼儿用盐水漱口。

【解答】

参考答案：

工作失误 1：保育员没有对婴幼儿带来的药物做好登记，而是随意把药物放在桌子上。

正确做法：保育员要对婴幼儿带来的药物做详细的登记并将它们放在婴幼儿够不到的地方。

工作失误 2：保育员没有协助检查婴幼儿的衣兜，将婴幼儿带来的小件物品暂时保管起来。

正确做法：晨检时协助检查婴幼儿的衣兜，将婴幼儿带来的小件物品暂时保管起来。

工作失误3：没有指导婴幼儿用盐水漱口。

正确做法：晨检时保育员应指导婴幼儿用盐水漱口。

工作失误4：保育员未详细了解婴幼儿是否与患者接触。

正确做法：应该向家长和婴幼儿了解患者的发病时间和接触史。

工作失误5：保育员检查部位不正确。

正确做法：除了晨检常规检查的部位之外，应该针对手足口病的特点认真检查口腔、双手掌、双脚有无红点。

幼儿园规范工作程序要求：在对婴幼儿进行晨、午、晚检之前，保育员应帮助婴幼儿脱外套、摘帽子并将之叠放整齐，放在固定的地方。晨检时保育员要对婴幼儿带来的药物进行详细的登记，并将它们放在婴幼儿够不到的地方。晨、午、晚检时协助检查婴幼儿的衣兜，将婴幼儿带来的小物件暂时保管起来。晨、午、晚检时指导婴幼儿用盐水漱口。

考核要点13——整托幼儿园晨、午、晚检的协助工作

重点掌握

◇整托幼儿园晨、午、晚检的协助工作。

失分点

◇整托幼儿园晨、午、晚检的协助工作做得不够好。

【训练：填空题】

整托幼儿园中，晨、午检时保育员应拉开________，唤醒________的婴幼儿，提醒________的婴幼儿如厕；冬季晨、午检时保育员应将________叠好，并放入柜子里。

【答题思路】

整托幼儿园中，晨、午检时保育员应拉开窗帘，唤醒仍然在睡眠中的婴幼儿，提醒已醒的婴幼儿如厕；冬季晨、午检时保育员应将压风被叠好，并放入柜子里。

【解答】

答案：窗帘　仍然在睡眠中　已醒　压风被

考核要点 14——喂药的工作程序及注意事项

重点掌握

◇喂药的工作程序及注意事项。

失分点

◇喂药的工作程序错误。

【训练 1：填空题】

喂药时，保育员应核对________与________及________，根据________准备药物。

【答题思路】

喂药时，保育员应核对药名与患儿的姓名及服药剂量，根据服药记录准备药物。

【解答】

答案：药名　患儿的姓名　服药剂量　服药记录

【训练 2：问答题】

分析下面的案例。

早上，大班幼儿小明的家长说孩子感冒了，把医院开的药片和口服液交给了保育员刘某，并交代：今早已服过一次药了。午餐后，刘某取出药片，插好口服液的吸管，叫小明就着菜汤送服。

(1) 上述做法是否正确？错在哪里？

(2) 如果是你，你该如何给幼儿喂药？

【答题思路】

给婴幼儿喂药的方法：核对药名、姓名、剂量→准备药物→准备白开水→劝说婴幼儿吃药→安静片刻→做好记录。

【解答】

参考答案：

(1) 保育员做法的错误。错误之处是：给婴幼儿用菜汤送服药物。

(2) 给婴幼儿服药的正确方法如下。

1) 核对药名、患儿姓名及服药剂量。

2) 根据服药记录准备药物，液体药物应用量杯服用，中药丸应捏成小球状服用。

3）准备服药用的白开水。

4）和蔼地劝说婴幼儿吃药。

5）服药后让患儿安静片刻，避免剧烈运动。

6）做好服药记录。

考核要点 15——协助体检的工作程序

重点掌握

◇协助体检的工作程序。

失分点

◇协助体检的工作程序不正确。

【训练 1：问答题】

保育员如何协助保健医生进行体检？

【答题思路】

保育员协助体检的工作程序为：组织排队→清点人数→核对名单→帮婴幼儿上、下身高体重仪→帮婴幼儿穿脱衣服→做好体检记录→安抚情绪。

【解答】

参考答案：保育员协助保健医生体检的工作程序如下。

（1）协助保健医生组织婴幼儿排队。

（2）协助保健医生清点人数。

（3）帮助保健医生核对体检婴幼儿的名单。

（4）搀扶婴幼儿或抱较小婴幼儿上、下身高体重仪。

（5）帮助婴幼儿迅速穿脱衣服和鞋。

（6）协助保健医生对体检的情况做好认真的记录。

（7）安抚婴幼儿的情绪。

【训练 2：填空题】

体检时，保育员应协助________组织婴幼儿________，清点________，核对婴幼儿的________。

【答题思路】

体检时，保育员应协助保健医生组织婴幼儿排队，清点人数，核对婴幼儿的名单。

【解答】

答案：保健医生　排队　人数　名单

考核要点16——三餐保温和保洁的工作程序及注意事项

重点掌握

◇根据天气情况做好三餐保温和保洁工作。

失分点

◇三餐保温、保洁的工作程序。

【训练1：填空题】

在幼儿园中，饭菜应放在婴幼儿够不到的地方，即婴幼儿的________外，避免________、碰撒甚至________婴幼儿。盛饭菜的容器________要关闭严密。

【答题思路】

在幼儿园中，饭菜应放在婴幼儿够不到的地方，即婴幼儿的活动区域外，避免打翻、碰撒甚至烫伤婴幼儿。盛饭菜的容器盖子或罩子要关闭严密。

【解答】

答案：活动区域　打翻　烫伤　盖子或罩子

【训练2：问答题】

简述三餐保温、保洁的工作程序。

【答题思路】

饭菜保温、保洁的原则→尽量缩短运送饭菜的时间→冬季应给饭、菜、汤的容器加盖子→夏季应给饭菜加一个网罩→夏季，若饭菜过热，需将饭菜端至电风扇附近。

【解答】

答案：三餐保温、保洁的工作程序如下。

（1）饭菜保温保洁的原则：冬季保温，夏季散热。

（2）尽量缩短运送饭菜的时间，确保饭菜的清洁和保温。

（3）冬季应给饭、菜、汤的容器加盖子，以达到保温的目的。

（4）夏季应给饭菜加一个网罩，防止苍蝇和飞絮的污染。

（5）夏季，若饭菜过热，需将饭菜端至电风扇附近，以便饭菜迅速地散热、降温。

考核要点 17——分发餐具的工作程序及注意事项

重点掌握

◇按照婴幼儿的年龄特点、能力及教育要求分发餐具。

失分点

◇分发餐具的工作程序不正确。

【训练 1：填空题】

分发餐具的原则是：餐具的分发应与婴幼儿的________、________的能力，以及幼儿园________相一致。

【答题思路】

分发餐具的原则是：餐具的分发应与婴幼儿的年龄特点、自我服务的能力，以及幼儿园教育的要求相一致。

【解答】

答案：年龄特点　自我服务　教育的要求

【训练 2：问答题】

观看案例演示片 3 遍，答出保育员在组织婴幼儿进餐时，出现的工作失误中的 3 个，并答出分发餐具的方法。

时间：午餐前

地点：餐室

场景：午餐之前，保育员拿起抹布和值日生一起擦拭桌子，保育员擦拭第一遍，值日生擦拭第二遍，擦完桌子清洗抹布。之后，保育员把餐具交给值日生分发，值日生在这张桌子上分发几个碗和盘，又在那张桌子上分发几把勺子，保育员则忙着分发饭菜，将饭菜分装在碗和盘中。餐室内轻声播放着音乐。幼儿入座进餐，保育员站在一旁观看幼儿进食。有一个小朋友打翻了饭碗，饭菜撒了一地，保育员只是急急忙忙地拿来笤帚、簸箕将饭菜打扫干净。一个小男孩添饭，他回到座位后边吃边悄悄地把萝卜挑出来扔到盘子里，保育员走过来大声地批评他，要求他把萝卜和其他肉菜一起吃掉。大部分幼儿进食完毕，坐在最后排的一个小朋友情绪低落，不动手进食，保育员前去询问，保育员喂他吃了几口，将剩下的饭菜倒掉了，然后忙着进行餐后整理工作。

【答题思路】

婴幼儿进餐时保育员应注意每一个婴幼儿的进餐行为，观察婴幼儿的进餐情绪、进餐速度、进餐量，以及对食物的偏好，发现问题及时处理。发现婴幼儿进餐情绪低落、食欲较差，应检查和询问婴幼儿是否发烧，有无牙疼、嗓子疼、肚子疼等问题。对于挑食的婴幼儿应进行耐心的引导工作，可让婴幼儿少量尝试该种食物。当婴幼儿吃带骨、带刺的食物时，更应密切观察，进行必要的指导，若发现骨、刺卡入喉咙里，应迅速做出处理。婴幼儿进餐时还容易出现不小心咬破舌头，咬破嘴唇，掉了门牙，打翻饭碗等现象，保育员应耐心细致地帮助解决。

【解答】

参考答案：

工作失误 1：有一个小朋友打翻了饭碗，饭菜撒了一地，保育员只是急急忙忙地扫干净，没有进行随机教育。

工作失误 2：对挑食的小朋友只是大声批评，没有进行耐心教育。

工作失误 3：将一个小朋友吃剩下的饭菜倒掉了。

工作失误 4：没有具体指导值日生清洁工作。

工作失误 5：没有具体指导值日生分发餐具。

分发餐具的方法：碗摆放在正对着椅子的位置，盘子放在碗的前面，勺子或筷子应放在盘子上。分发勺子和筷子时，手应抓捏在勺柄处或筷子的尾端，摆放整齐。

考核要点 18——分发饭菜的工作程序及注意事项

重点掌握

◇根据婴幼儿的个体差异，分发、添加饭菜。

失分点

◇不能严格按照注意事项要求去做。

【训练：填空题】

1. 分发饭菜的原则是：________、________。饭菜分别放在________中，先盛________，吃完后再盛汤。

【答题思路】

分发饭菜的原则是：公平对待、少盛多添。饭菜分别放在碗和盘中，先盛饭菜，吃完后再盛汤。

【解答】

答案：公平对待　少盛多添　碗和盘　饭菜

2. 根据婴幼儿的________添加饭菜。应控制________的摄食量，对营养不良食欲差的________，应耐心照顾，允许婴幼儿少量进餐，并________地增加膳食量。

【答题思路】

根据婴幼儿的身体状况添加饭菜。应控制肥胖儿的摄食量，对营养不良食欲差的体弱儿，应耐心照顾，允许婴幼儿少量进餐，并循序渐进地增加膳食量。

【解答】

答案：身体状况　肥胖儿　体弱儿　循序渐进

3. 保育员给每个婴幼儿的菜量应该________，盛菜应尽量多盛________的，杜绝汤、菜同时盛在一个碗里。

【答题思路】

保育员给每个婴幼儿的菜量应该相同，盛菜应尽量多盛固体的，杜绝汤、菜同时盛在一个碗里。

【解答】

答案：相同　固体

考核要点 19——营造进餐物质环境的工作要求

重点掌握

◇营造进餐物质环境的工作要求。

失分点

◇对营造进餐物质环境的工作要求不明确。

【训练 1：填空题】

幼儿园中进餐的物质环境主要包括：________，________的准备等内容。

【答题思路】

幼儿园中进餐的物质环境主要包括：卫生情况，家具、餐具的准备等内容。

【解答】

答案：卫生情况　家具、餐具

【训练 2：问答题】

营造进餐物质环境工作要求有哪些？

【答题思路】与【解答】

参考答案：

（1）餐室清洁、明亮，餐桌餐椅高矮适中、清洁、位置固定。

（2）餐室中没有陌生人。

（3）餐具清洁，大小适中。

（4）饭菜香气扑鼻，而且营养全面。

考核要点20——营造进餐精神环境的工作要求

重点掌握

◇营造进餐精神环境的工作要求。

失分点

◇对营造进餐精神环境的工作要求不明确。

【训练：问答题】

简述营造进餐精神环境的工作要求。

【答题思路】与【解答】

参考答案：营造进餐精神环境的工作要求如下。

（1）保持餐室内安静或轻声地播放轻松的音乐。

（2）保育员应态度和蔼、亲切，周到地照顾婴幼儿进餐。

（3）保育员不转移婴幼儿进餐的注意力，避免减少婴幼儿食欲。

（4）不催促婴幼儿进餐。

（5）不批评婴幼儿，不利用进餐时间解决问题。

（6）不引起婴幼儿过度兴奋。保育员不宜在婴幼儿进餐时讲故事、大声聊天，或允许婴幼儿在进餐时大声交谈。

考核要点21——组织婴幼儿科学进餐的注意事项及相关知识

重点掌握

◇组织婴幼儿科学进餐的注意事项及相关知识。

失分点

◇没有严格按照注意事项进行操作。

【训练 1：填空题】

婴幼儿进餐时尽量避免________，防止________进入呼吸道，保育员应及时解决进餐中出现的意外问题，观察婴幼儿的________、进餐速度、________，以及对食物的________，发现问题及时处理。

【答题思路】

婴幼儿进餐时尽量避免说笑打闹，防止异物进入呼吸道，保育员应及时解决进餐中出现的意外问题，观察婴幼儿的进餐情绪、进餐速度、进餐量，以及对食物的偏好，发现问题及时处理。

【解答】

答案：说笑打闹　异物　进餐情绪　进餐量　偏好

【训练 2：问答题】

简述幼儿园愉快进餐的精神准备。

【答题思路】

进餐中不批评婴幼儿→不催促婴幼儿进餐→不比赛进餐→不分散婴幼儿注意力→及时解决进餐中出现的问题。

【解答】

答案：

（1）保育员不在进餐中批评婴幼儿。

（2）保育员不催促婴幼儿进餐，不比赛进餐。

（3）保育员不分散婴幼儿进餐的注意力，不大声说话，不给婴幼儿讲故事。

（4）保育员应及时解决婴幼儿进餐中出现的问题。

考核要点 22——准备饮用水的工作程序、注意事项及相关知识

重点掌握

◇准备饮用水的工作程序、注意事项。

失分点

◇准备饮用水的工作程序错误。

【训练 1：填空题】

保育员应根据________情况做好饮用水温控制工作。若天气寒冷，保育员应在饮水桶外________，确保婴幼儿饮水温热。

【答题思路】

保育员应根据天气情况做好饮用水温控制工作。若天气寒冷，保育员应在饮水桶外罩上一层保温罩，确保婴幼儿饮水温热。

【解答】

答案：天气　罩上一层保温罩

【训练 2：问答题】

观看案例演示片 3 遍，答出保育员在饮水工作中出现的工作失误中的 3 个，并答出准备饮用水的注意事项。

场景：保育员提一壶开水进入教室，来到保温桶旁，并把开水壶放在地上，接着取下保温桶的盖子放在保温桶架子底层，然后提起保温桶进入盥洗室，把桶内的剩水倒入水池。保育员左手扶桶，右手从水龙头上拿起一块抹布挤了挤水就擦拭保温桶外面，之后提保温桶回到教室，把开水壶中的水倒入保温桶中，把桶盖虚盖在保温桶上。保育员叫幼儿来排队喝水，幼儿接水的数量不等。保育员提醒幼儿水烫，吹一吹再喝。幼儿端水站在桌子旁，边吹边喝。

【答题思路】

准备饮用水的工作程序：清洗饮水桶→幼儿园饮水的准备→控制水温→防止污染。

【解答】

参考答案：

工作失误 1：饮水桶清洗不彻底。应该每天用洗涤剂清洗饮水桶，做到里外都洗净，再用清水里外漂洗干净，用消毒剂擦拭水龙头出水口，保证饮用水清洁。

工作失误 2：水温不适宜。保育员应根据天气的情况做好饮用水水温的控制，夏天应尽早打水，使水温下降，确保婴幼儿喝足够的凉白开。

工作失误 3：开水桶放在地上，饮水桶桶盖没有扣紧，既不安全也不卫生。应该将开水桶放到固定专用的桌子上，防止婴幼儿碰撞、绊倒、烫伤。饮水桶的盖子应该盖好，避免饮用水被污染。

工作失误 4：没有在婴幼儿接水喝之前先空放一两杯水。应该在清洗完饮水桶之后，幼儿饮水之前空放一两杯水，确保卫生。

工作失误5：没有提醒婴幼儿洗完手后再拿水杯接水喝。应该要求婴幼儿先洗手再喝水。

工作失误6：没有提醒婴幼儿先接半杯水，坐到椅子上喝完再接。应该要求婴幼儿接半杯水，喝完再接；接水后，端水杯回到自己的座位，坐下安静地喝水，喝完可再喝；开始喝水时要小口尝试，避免烫嘴。

准备饮用水的注意事项如下。

(1) 开水不进教室。

(2) 婴幼儿喝水前应先空放一两杯饮用水，并舍弃。

(3) 保育员应注意补充饮用水时的安全，避免碰撞、绊倒或烫伤婴幼儿。

考核要点23——组织三岁以上幼儿饮水的工作程序

重点掌握

◇正确组织三岁以上幼儿饮水。

失分点

◇组织三岁以上幼儿饮水的工作程序不正确。

【训练：问答题】

分析保育员的做法，并说说你是怎样组织幼儿饮水的。

夏天，户外活动后，中一班幼儿回到活动室，保育员小王一边给孩子擦汗一边嘱咐：今天天气太热了，大家出了不少汗，快拿杯子来喝水，要多喝点。

【答题思路】

组织饮水的工作程序：提前为幼儿准备温度适中的开水→要求幼儿饮水前先洗手，自己拿杯子接水→端水杯回座位上安静地饮水，喝完水后可再接水喝→喝完水后将杯子放回原处。

【解答】

参考答案：

(1) 指出保育员的疏忽：没有要求幼儿洗手后再拿杯子喝水。

(2) 肯定保育员的正确做法：幼儿出汗后及时补充水。

(3) 组织幼儿饮水应按以下方法去做。

1) 喝水前应先洗手，然后去拿自己的杯子。

2）接半杯水，喝完再接。接水后，端杯子回自己的座位，坐下安静地喝水。喝完可再喝。

3）开始喝水时要小口尝试，避免烫嘴。若水较烫，应等凉了后再喝。

4）喝完水后将杯子放回原处。

5）喝水时，保育员应提醒幼儿不要说笑，防止呛咳。

考核要点24——培养婴幼儿良好的饮水习惯

重点掌握

◇培养婴幼儿良好饮水习惯的方法。

失分点

◇操作过程中出现某些失误。

【训练：问答题】

结合实际，谈谈如何培养婴幼儿良好的饮水习惯。

【答题思路】

培养婴幼儿喝白开水的习惯→培养婴幼儿主动饮水的习惯→培养婴幼儿形成慢喝水的习惯→培养婴幼儿能自己补充饮水。

【解答】

参考答案：

（1）培养婴幼儿喝白开水的习惯。保育员要提醒婴幼儿喝白开水，培养婴幼儿喝白开水的习惯。不习惯喝白开水的婴幼儿，应由少到多地逐渐增加饮水量。同时，应通过多种形式使婴幼儿明白喝白开水对身体的好处。

（2）培养婴幼儿主动饮水的习惯。保育员应按时提醒婴幼儿喝水，每次尽可能喝足量，还应帮助婴幼儿学会渴了主动饮水的好习惯。要注意区别对待不同的婴幼儿，对不爱喝水的婴幼儿，应格外注意引导他们饮水；对体质差的婴幼儿、患病初愈的婴幼儿、经常上火的婴幼儿、嗓子肿痛的婴幼儿，应提醒他们多饮水。

（3）培养婴幼儿形成慢喝水的习惯。避免婴幼儿在极度口渴的情况下暴饮，培养婴幼儿主动监督自己饮水的习惯。

（4）培养婴幼儿能自己补充饮水。使较大的幼儿能够根据自己当天的活动量和出汗量等，补充自己的饮水量。

考核要点 25——组织婴幼儿饮水的注意事项

重点掌握

◇组织婴幼儿饮水的注意事项。

失分点

◇没有遵守组织婴幼儿饮水的注意事项。

【训练：问答题】

简述组织婴幼儿饮水应注意哪些问题。

【答题思路】与【解答】

参考答案：

（1）婴幼儿应坐在自己的座位上喝水，避免泼洒。

（2）保育员应注意提醒婴幼儿饮水。

（3）保育员应注意控制婴幼儿剧烈运动后的饮水量。

（4）婴幼儿剧烈运动后不应喝大量的水，可少量饮水，以湿润干渴的嗓子。此时大量饮水会加重心脏的负担，不利于心脏的健康。

（5）保育员应提醒婴幼儿注意喝水的速度，不能太快。

考核要点 26——为婴幼儿盥洗准备毛巾的工作程序

重点掌握

◇为婴幼儿盥洗准备毛巾的工作程序。

失分点

◇为婴幼儿盥洗准备毛巾的程序错误。

【训练：填空题】

请把准备毛巾工作程序按正确顺序排列：________。

A. 消毒毛巾　　B. 晾晒毛巾　　C. 挂放毛巾　　D. 清洗毛巾

【答题思路】

准备毛巾工作程序应为：清洗毛巾→消毒毛巾→晾晒毛巾→挂放毛巾。

【解答】

答案：D—A—B—C

考核要点27——照顾婴幼儿盥洗的工作程序及注意事项

重点掌握

◇用正确的方法照顾婴幼儿盥洗。

失分点

◇照顾婴幼儿盥洗的工作程序错误。

◇不能按照照顾婴幼儿盥洗的注意事项的要求去做。

【训练：填空题】

1. 帮助婴幼儿清洗身体时，保育员应把肥皂抹在________搓出泡沫，不用清洗________，对女孩子每天晚上都要清洗________，男孩子要清洗________。

【答题思路】

帮助婴幼儿清洗身体时，保育员应把肥皂抹在手上搓出泡沫，不用清洗头发，对女孩子每天晚上都要清洗外阴部，男孩子要清洗包皮污垢。

【解答】

答案：手上　头发　外阴部　包皮污垢

2. 为使婴幼儿洗浴的水温适宜，保育员应先________再________。

【答题思路】

为使婴幼儿洗浴的水温适宜，保育员应先开凉水再逐渐开热水。

【解答】

答案：开凉水　逐渐开热水

考核要点28——指导婴幼儿洗手的工作要求

重点掌握

◇指导婴幼儿洗手的工作要求。

失分点

◇不能遵守指导婴幼儿洗手的工作要求。

【训练：问答题】

观看案例演示片3遍，答出保育员在婴幼儿洗手工作中出现的工作失误中的2个，并答出洗手的正确步骤方法。

地点：盥洗室

场景：盥洗室内清洁通风，水池下水道无头发、污物，地面上有一两摊水，每隔几个水龙头有一块肥皂，保育员带领一群孩子进入盥洗室洗手、洗脸。

由于孩子人数太多，保育员要求孩子们按水龙头数一个接一个地排好队轮流洗手。孩子洗手时先湿手然后随意搓了搓肥皂就冲洗，洗完后用力甩手，把水甩到后面的孩子身上，并且互相打闹，保育员在一旁只是提醒孩子动作迅速一些，小心滑倒。

【答题思路】

洗手的准备工作→指导婴幼儿洗手的方法→减少失误。

【解答】

参考答案：

工作失误1：地面没有保持干爽。

正确做法：应该保持盥洗室地面的清洁干爽，防止婴幼儿滑倒，可在水池前的地面铺上渗水地垫。

工作失误2：肥皂的数量不够。

正确做法：应该准备足够的肥皂或洗手液，数量与水龙头的数量相同或隔一个水龙头一个。

工作失误3：婴幼儿洗手敷衍了事，保育员没有进行有效指导。

正确做法：保育员应该督促、指导婴幼儿认真洗手，不玩水、不敷衍，婴幼儿洗完手后保育员需检查是否洗干净，并提醒婴幼儿用自己专用的毛巾擦手。

工作失误4：婴幼儿洗手时互相打闹，保育员只是提醒幼儿不要滑倒。

正确做法：婴幼儿洗手时互相追逐打闹，保育员应及时制止，以防婴幼儿摔倒。

洗手的正确步骤：洗手时，要求并指导婴幼儿双手略向下，避免水顺着手臂倒流弄湿衣袖；应轻轻拧开水龙头，水流不能太大；应将手心、手背、手腕浸湿，然后搓肥皂，最好搓出泡沫，使手心、手背、手指缝都被肥皂洗到；用清水将手冲洗干净，关好水龙头；用毛巾擦干手。

考核要点 29——照顾婴幼儿大小便的工作程序

重点掌握

◇照顾婴幼儿大小便的工作程序。

失分点

◇照顾婴幼儿大小便的程序错误。

【训练：填空题】

1. 照顾婴幼儿大小便的准备工作包括：清洁、不冰凉的________，温暖、安静、无异味的________，清洁的________。

【答题思路】

照顾婴幼儿大小便的准备工作包括：清洁、不冰凉的便盆，温暖、安静、无异味的排便环境，清洁的卫生纸。

【解答】

答案：便盆　排便环境　卫生纸

2. 婴幼儿在排大便时应尽量避免________、看书、听故事或________，通常以________为宜。

【答题思路】

婴幼儿在排大便时应尽量避免吃东西、看书、听故事或玩耍，通常以 5～10 分钟为宜。

【解答】

答案：吃东西　玩耍　5～10 分钟

考核要点 30——创设婴幼儿良好睡眠环境的工作程序及注意事项

重点掌握

◇创设婴幼儿良好睡眠环境的工作程序及注意事项。

失分点

◇睡眠环境的准备方面不充分。

【训练 1：填空题】

1. 创设良好工作环境的工作程序主要包括：________方面的准备，________方面的准备，________方面的准备，对________进行指导。

【答题思路】

创设良好工作环境的工作程序主要包括：睡眠环境方面的准备，活动安排方面的准备，婴幼儿心理方面的准备，对个别婴幼儿进行指导。

【解答】

答案：睡眠环境　活动安排　婴幼儿心理　个别婴幼儿

2. 组织婴幼儿睡眠的工作程序正确的字母排序是________。

A. 组织婴幼儿上床睡觉

B. 督促婴幼儿上厕所

C. 组织婴幼儿脱衣并放到指定位置

【答题思路】

组织婴幼儿睡眠的工作程序是：督促婴幼儿上厕所→组织婴幼儿脱衣并放到指定位置→组织婴幼儿上床睡觉。

【解答】

答案：B—C—A

3. 保育员应控制婴幼儿午餐的________，避免影响午睡睡眠质量。睡眠前也不宜做________，避免婴幼儿过度兴奋，影响他们的睡眠欲望。

【答题思路】

保育员应控制婴幼儿午餐的喝汤量，避免影响午睡睡眠质量。睡眠前也不宜做剧烈运动，避免婴幼儿过度兴奋，影响他们的睡眠欲望。

【解答】

答案：喝汤量　剧烈运动

【训练 2：问答题】

1. 结合实际，谈谈睡眠工作中，如何对个别婴幼儿进行指导。

【答题思路】

区别对待个体差异→需要提前入睡的婴幼儿→精力旺盛、体质较好的婴幼儿→不喜欢睡觉或上床后爱与他人逗玩的婴幼儿→分组依次入睡。

【解答】

答案：婴幼儿的睡眠同其他活动一样，存在着个体差异，需要保育员区别对待。

(1) 对于需要睡觉时间较长的婴幼儿、脱衣动作较慢的婴幼儿、年龄较小的婴幼儿及体弱儿，应让他们提前进入睡眠室，提前睡觉。

(2) 对于那些精力旺盛、体质较好、不喜欢睡觉或上床后爱与他人逗玩的婴幼儿，可分成几组依次上床睡觉，以便保育员进行管理，也能满足不同婴幼儿的需要。

2. 请分析案例中保育员做法的错误之处，并答出正确做法。

午睡时，保育员何某一边大声督促幼儿闭上眼睛好好睡觉，一边取来水桶，对寝室地面进行擦洗。

【答题思路】

清洁时间不对，清洗方法不对，大声说话不对。

【解答】

参考答案：

(1) 清洁时间不对。应等幼儿起床后或睡前才能拖地。

(2) 清洗方法不对。不应用水冲擦，而应用半干的拖把清洁地面。

(3) 大声说话不对。组织幼儿睡眠，应动作、声音轻柔，避免大呼小叫。

考核要点31——培养婴幼儿正确睡眠姿势的工作程序及注意事项

重点掌握

◇培养婴幼儿正确睡眠姿势的工作程序及注意事项。

失分点

◇不能及时发现和纠正婴幼儿不良的睡眠姿势。

【训练1：填空题】

1. 婴幼儿睡眠姿势的异常预示着________和________的异常。

【答题思路】

婴幼儿睡眠姿势的异常预示着生理和行为的异常。

【解答】

答案：生理 行为

2. 婴幼儿常见的不良睡姿有________、________、蒙头睡。保育员可以通过严格的________、________、随时检查、及时纠正等方法，帮助婴幼儿形成良好的睡眠姿势。

【答题思路】

婴幼儿常见的不良睡姿有跪睡、缩成一团睡、蒙头睡。保育员可以通过严格的睡前检查、设置障碍、随时检查、及时纠正等方法，帮助婴幼儿形成良好的睡眠姿势。

【解答】

答案：跪睡　缩成一团睡　睡前检查　设置障碍

【训练 2：问答题】

观看案例演示片 3 遍，答出保育员在睡眠工作中出现的工作失误中的 3 个，并答出培养婴幼儿正确睡姿的注意事项。

地点：寝室

时间：中午睡觉时间

场景：画面上时钟指示为 12：00，保育员在寝室门口组织小朋友排队，逐一摸小朋友的额头，并检查小朋友有无身体不适，如发烧等，之后让小朋友们安静地进入寝室。进入寝室后，多数小朋友都能找到自己的床铺安静躺下，并盖好被子。等小朋友们基本入睡后，保育员只是巡视了一圈就拿起一本书，在小朋友们床边的小椅子上坐下看了起来。

画面显示小朋友们几种不正确的睡姿，如缩成一团睡、蒙头睡、趴着睡等。更有一个小朋友还从衣兜里掏出一只小铃铛玩，小铃铛发出了响声，惊动了保育员。保育员快速来到这个小朋友身边，没收了这个小朋友的小玩具，并批评他说："你怎么把铃铛带进来了？下午不给你吃午点。"然后保育员回到座位上继续看书。

画面上时钟指示为 2：30，起床时间到了，保育员对小朋友们说："小朋友们起床啦，请先叠好被子再穿衣服，然后去洗脸。"于是小朋友们叠被子、穿衣服，忙忙碌碌的。保育员不断地催促小朋友们："快点儿，快点儿啊。"将剩下的小朋友催促其离开寝室后，保育员自己也跟着离开了寝室，寝室内多张床铺没有整理好，地上掉落了好几条毛巾。

【答题思路】

培养婴幼儿正确睡眠姿势的工作程序是：保育员应牢记婴幼儿正确的睡眠姿势→认真观察、及时发现婴幼儿不良的睡眠姿势→及时纠正婴幼儿不良的睡眠姿势。

【解答】

参考答案：

工作失误1：保育员没有按照日托园午检的方法给婴幼儿进行午检。

工作失误2：保育员没有细心巡视、照料婴幼儿睡眠，没有及时纠正婴幼儿不良的睡眠姿势。

工作失误3：保育员不应粗暴对待婴幼儿的睡眠问题，没收婴幼儿玩具时的工作方法不对。

工作失误4：保育员不应要求婴幼儿起床后先叠被子再穿衣服。

工作失误5：保育员没有对婴幼儿整理床铺进行指导，也没有对寝室做进一步的检查整理。

培养婴幼儿正确睡姿的注意事项如下。

(1) 婴幼儿睡眠姿势异常预示着生理和行为的异常。

(2) 保育员在改变婴幼儿不良的睡姿时，应做到动作轻柔，避免弄醒婴幼儿。

考核要点32——正确处理婴幼儿遗尿问题的工作程序及注意事项

重点掌握

◇正确处理婴幼儿遗尿问题的工作程序及注意事项。

失分点

◇婴幼儿遗尿问题处理不当。

【训练：问答题】

分析保育员做法的正误，并说明如何处理婴幼儿遗尿问题。

小玲小朋友平时就有晚上要尿的特点，一般都要叫三次尿。可今天，时间未到，床已经尿湿了。保育员李某很生气，用力拍着小玲的屁股说："怎么又尿床了，真是个尿包。快起来换衣服，真是越忙越乱。"

【答题思路】

准备工作→定时唤醒→及时晾晒和清洗。

【解答】

参考答案：

(1) 准备工作

1) 做好充分的物质准备，与有遗尿习惯的婴幼儿家长联系，要求家长带来备用的衣裤和被褥。

2）保育员应熟悉本班婴幼儿的睡眠情况，了解遗尿婴幼儿的名单和他们遗尿的特点。

（2）定时唤醒。根据婴幼儿遗尿的特点定时唤醒他们排尿。对已经尿床的婴幼儿，保育员应做到以下几点。

1）帮助婴幼儿换下尿湿的衣服。

2）迅速更换婴幼儿尿湿的被褥。

3）唤醒婴幼儿排尿。

4）安抚婴幼儿继续入睡。

（3）及时晾晒和清洗。全体婴幼儿起床后，保育员应及时晾晒婴幼儿尿湿的被褥，清洗婴幼儿尿湿的衣物。

（4）注意事项

1）保育员唤醒婴幼儿排尿的声音要轻柔，应避免大声吵闹，以防影响周围婴幼儿的睡眠。同时，应尽量不引起未睡婴幼儿的关注，保护遗尿婴幼儿的自尊心。

2）保育员处理婴幼儿遗尿的态度要亲切、和蔼，不应表现出不耐烦、气愤、鄙视的态度，更不应大声批评婴幼儿。

3）保育员更换被褥和帮助婴幼儿换掉湿衣物的速度要快，以免婴幼儿着凉。

考核要点33——指导婴幼儿穿脱衣服的工作程序及注意事项

重点掌握

◇指导婴幼儿穿脱衣服的工作程序及注意事项。

失分点

◇指导婴幼儿穿脱衣服的程序不正确。

【训练1：填空题】

1. 保育员应做好婴幼儿穿脱衣服的检查工作，教会较大幼儿进行________，指导婴幼儿应最后脱________。

【答题思路】

保育员应做好婴幼儿穿脱衣服的检查工作，教会较大幼儿进行自我检查，指导婴幼儿应最后脱毛衣或棉衣。

【解答】

答案：自我检查　毛衣或棉衣

2. 婴幼儿穿衣服的正确字母排列顺序是________。

A. 穿袜子、裤子

B. 穿鞋

C. 穿毛衣或棉衣

【答题思路】

婴幼儿穿衣服的顺序是：穿毛衣或棉衣→穿袜子、裤子→穿鞋。

【解答】

答案：C—A—B

【训练 2：问答题】

如何指导婴幼儿穿脱衣服？

【答题思路】

鼓励婴幼儿学习→避免感冒→检查指导→冬季穿裤子易出现的问题→冬季穿脱衣服的顺序。

【解答】

参考答案：

(1) 鼓励和帮助婴幼儿学习穿脱衣服。对于年龄较小、能力较差的婴幼儿，保育员应在穿脱困难时给予帮助。

(2) 保育员应督促婴幼儿抓紧时间穿脱衣服，防止他们边穿脱边玩，避免感冒。

(3) 保育员应做好婴幼儿穿脱衣服的检查工作，并要教会较大的幼儿进行自我检查。

(4) 冬季应注意婴幼儿穿裤子出现的问题，防止婴幼儿将腿伸进外裤和毛裤的中间。注意婴幼儿的内衣要塞入裤子内，防止肚皮受凉。同时应注意检查男婴幼儿有无将裤子前后穿反。

(5) 婴幼儿常会将袜跟穿到脚面上，应及时纠正和指导。

(6) 教会婴幼儿将袜筒包住衬裤的裤脚，防止穿毛裤或棉裤时衬裤上撸，使棉裤或毛裤内形成空筒，影响保暖。

(7) 在婴幼儿活动时，保育员应注意观察婴幼儿的鞋带和鞋扣，发现鞋扣松开应及时帮助或提醒他们系好。

(8) 在秋、冬较寒冷的季节，婴幼儿穿衣时应尽量减少胸部暴露在外的时间，以免着凉。要告诉婴幼儿，穿衣服时应先将毛衣或棉衣穿上，再穿袜子、裤子等。脱衣服时应最后脱毛衣或棉衣。

考核要点 34——整理床铺的工作程序

重点掌握

◇整理床铺的工作程序。

失分点

◇遗漏整理内容。

【训练：填空题】

晾被、叠被的要求：经过一夜的睡眠或午睡后，被子需要________，幼儿园可组织幼儿在________这一段时间晾被。各年龄班的幼儿都应学会晾被。

【答题思路】

晾被、叠被的要求：经过一夜的睡眠或午睡后，被子需要通风换气，幼儿园可组织幼儿在起床后至穿戴整齐这一段时间晾被。各年龄班的幼儿都应学会晾被。

【解答】

答案：通风换气　起床后至穿戴整齐

考核要点 35——物品管理记录的基本要求

重点掌握

◇物品管理记录的基本要求。

失分点

◇对物品管理记录的基本要求不明确。

【训练：填空题】

1. 保育员管理本班物品，应做到每件物品来路________，消路________，不________，做好________工作。

【答题思路】

保育员管理本班物品，应做到每件物品来路明，消路清，不丢失，做好记录工作。

【解答】

答案：明　清　丢失　记录

2. 保育员管理本班物品，包括对________、________、图书、用具、餐具、家具、婴幼儿的________和________等的管理。

【答题思路】

保育员管理本班物品，包括对玩具、教具、图书、用具、餐具、家具、婴幼儿的被褥和衣物等的管理。

【解答】

答案：玩具　教具　被褥　衣物

考核要点 36——幼儿园各类用具的管理要求

重点掌握

◇幼儿园各类用具的管理要求。

失分点

◇对幼儿园各类用具的管理要求不明确。

【训练 1：填空题】

1. 保育员应为每个婴幼儿制作一个储物袋，把________的东西放在袋里，以免________。

【答题思路】

保育员应为每个婴幼儿制作一个储物袋，把来回带的东西放在袋里，以免丢失。

【解答】

答案：来回带　丢失

2. 保育员应帮助每个婴幼儿将脱下的衣服放到________的地方，并叠放________。

【答题思路】

保育员应帮助每个婴幼儿将脱下的衣服放到固定的地方，并叠放整齐。

【解答】

答案：固定　整齐

3. 玩具应摆放________，认真________，定期________，经常________。

【答题思路】

玩具应摆放整齐，认真检查，定期清理，经常消毒。

【解答】

答案：整齐　检查　清理　消毒

4. 保育员应________登记书籍的名称；保持书架清洁，书籍摆放________、________，使幼儿一目了然；幼儿看完图书后，保育员应帮助幼儿________图书。

【答题思路】

保育员应分类登记书籍的名称；保持书架清洁，书籍摆放整齐、有序，使幼儿一目了然；幼儿看完图书后，保育员应帮助幼儿收拾整理图书。

【解答】

答案：分类　整齐　有序　收拾整理

【训练 2：问答题】

如何做好衣物被褥寝具的管理工作？

【答题思路】

熟知每个婴幼儿的物品→婴幼儿的服装要有标记→婴幼儿的衣服摆放地方固定，叠放整齐→物品分类、地点固定→物品增减清点有数→衣服破损及时修补→制作储物袋。

【解答】

参考答案：

（1）保育员应熟知每个婴幼儿的物品，做到心中有数。

（2）每个婴幼儿的服装要有标记，并且与衣橱上的标记相一致。

（3）保育员应帮助每个婴幼儿将脱下的衣服放到固定的地方，并叠放整齐。

（4）经常换洗的衣服、床单、枕巾、枕套可以一套套地叠起来，分类放在固定的地方，需要更换时，按次序分类更换。需要换洗的或请家长带走的衣服、被褥，做到清点有数，收回时要折叠好，检查有无增减变化。物品少了要及时寻找，多出的物品要放到固定的地方，以便物归原主。

（5）保育员应经常检查婴幼儿的衣服是否有破损或掉衣扣的现象，并及时修补或请家长解决。

（6）为每个婴幼儿制作一个储物袋，把来回带的东西放在袋里，以免丢失。

考核要点37——更换、维修设备的工作要求

重点掌握

◇更换、维修设备的工作要求。

失分点

◇对更换、维修设备的工作要求不明确。

【训练：问答题】

幼儿园中，更换、维修设备的要求有哪些？

【答题思路】与【解答】

参考答案：幼儿园班内设备主要有墙面、地板、天花板、屋顶、门窗、供暖设备、上下水管道、家具等。更换、维修设备的要求如下。

（1）日常工作中应注意对室内设备的爱护和保养。

（2）根据幼儿园的维修计划，配合幼儿园对室内设备进行常规的维修。

（3）及时发现室内设备的异常。

（4）及时报修损坏的设备。

考核要点38——保育工作记录的工作程序及注意事项

重点掌握

◇保育工作记录的类型和记录的步骤。

失分点

◇对做好保育工作记录应注意的问题不明确。

【训练1：填空题】

1. 保育员配合室内教育活动时，要养成________的习惯，及时地把婴幼儿的活动情况记录下来，以便活动后与教师________婴幼儿的表现，从而制订出更符合婴幼儿实际的________、________。

【答题思路】

保育员配合室内教育活动时，要养成随时记录的习惯，及时地把婴幼儿的活动情况记录下来，以便活动后与教师共同分析婴幼儿的表现，从而制订出更符合婴幼儿实

际的教育目标、活动内容。

【解答】

答案：随时记录　共同分析　教育目标　活动内容

2. 保育员配合室内教育活动，保育工作记录的主要内容包括：________的活动情况、________的情况和________、材料及物品的________情况。

【答题思路】

保育员配合室内教育活动，保育工作记录的主要内容包括：全班婴幼儿的活动情况、个别婴幼儿的情况和设备、材料及物品的使用情况。

【解答】

答案：全班婴幼儿　个别婴幼儿　设备　使用

3. 保育员配合室内教育活动，对婴幼儿的活动情况要________地记录下来，不能做________的判断，应该去________婴幼儿的行为表现，而不是________婴幼儿的行为表现。

【答题思路】

保育员配合室内教育活动，对婴幼儿的活动情况要如实地记录下来，不能做主观的判断，应该去描述婴幼儿的行为表现，而不是解释婴幼儿的行为表现。

【解答】

答案：如实　主观　描述　解释

【训练2：问答题】

1. 保育工作记录主要包括哪些内容？

【答题思路】

全班婴幼儿的活动情况→个别婴幼儿的情况→设备、材料及物品的使用情况。

【解答】

参考答案：保育工作记录主要包括以下几个方面。

（1）记录全班婴幼儿的活动情况。主要记录婴幼儿活动的分组情况，婴幼儿在活动中的身体、情绪及参与活动的情况，婴幼儿的交往情况及婴幼儿在活动中发生的各种逸事等。

（2）记录个别婴幼儿的情况。主要记录体弱儿的身体和活动情况，以及个别需要帮助的婴幼儿的情况。

（3）记录设备、材料及物品的使用情况。主要记录本班设备、材料、物品的使用情况和外借的设备、材料、物品的使用情况，下一次活动需要继续保留的设备、物品和材料的情况，需要维修和更换的设备情况等。

2. 保育工作记录的工作内容有哪些？

【答题思路】

准备好记录的表格→如实填写保育工作记录→保育工作记录要有针对性。

【解答】

参考答案：保育工作记录主要包括以下内容。

（1）根据不同的目的准备好记录的表格。设计表格时，要考虑记录的目的和内容不要过于烦琐，应该以记录方便省时、省力为目的。常用的记录表格如保育员在配合教育活动中的保育工作记录表。

（2）如实地、有针对性地做好保育工作记录。活动前，保育员要了解本班活动的目标和教育要求，根据教师的要求有针对性地做好活动记录。

3. 做好保育工作记录主要应注意哪些问题？

【答题思路】

记录应客观真实→记录应反映婴幼儿的本来面目→记录要准确及时。

【解答】

参考答案：做好保育工作记录应注意以下问题。

（1）记录应客观、真实地反映婴幼儿活动的本来面目。对婴幼儿的活动情况，保育员要如实地记录下来，不能做主观的判断。即保育员在做记录时应描述婴幼儿的行为表现，而不是解释婴幼儿的行为表现。例如，记录个别婴幼儿在游戏中的表现时，客观描述婴幼儿行为的记录是："他皱着眉，拿起了 1 件玩具，看了看就放下了，又拿起 1 件玩具，看了看又放下了。5 分钟内他共换了 3 件玩具。"如保育员在记录中做出了主观判断，记录可能是："他不喜欢这件玩具，也不喜欢那件玩具，班里可能没有他喜欢的玩具。"这种记录方式是不可取的。

（2）记录要及时准确。配合教育活动时，保育员要养成随时记录的习惯，及时地把婴幼儿的活动情况记录下来，以便活动结束后与教师共同分析婴幼儿的表现，从而制订出更符合婴幼儿实际的教育目标和活动内容。如果在活动中不方便马上记录，活动结束后要马上补记，以免时间长了有些情况出现混淆或遗忘。

考核要点 39——室内教育活动前的准备工作要求

重点掌握

◇活动前准备工作的内容、方法和工作程序。

失分点

◇对活动前准备工作应注意的问题不明确。

【训练 1：填空题】

1. 根据每个教育活动的不同要求，保育员应与________和________共同设计和________活动的场地，摆放________，做好教具、工具、材料、物品、图片、手工制作必需品等各方面的准备。

【答题思路】

根据每个教育活动的不同要求，保育员应与教师和幼儿共同设计和布置活动的场地，摆放设备和桌椅，做好教具、工具、材料、物品、图片、手工制作必需品等各方面的准备。

【解答】

答案：教师　幼儿　布置　设备和桌椅

2. 保育员配合室内教育活动，每周一开始，要了解本周的__________目标及________的目标，根据________，做好前期的________。

【答题思路】

保育员配合室内教育活动，每周一开始，要了解本周的教育目标及每日教育活动的目标，根据目标要求，做好前期的准备。

【解答】

答案：教育　每日教育活动　目标要求　准备

【训练 2：问答题】

观看案例演示片 3 遍，答出保育员在配合语言教育活动中出现的工作失误中的 3 个，并答出室内教育活动前的准备工作程序。

时间：上课之前

场景：要上课了，教室里还有几个小朋友互相追逐，跑来跑去。教师则在准备上课用的东西。活动即将开始，保育员在看教师的教案，了解本次活动的内容，还有一个小朋友在乱跑，一不小心撞到保育员身上，保育员大声训斥他说："你怎么回事啊，在教室里乱跑什么，没看到小朋友都做好准备上课了？坐凳子上去，没有叫你起来不许动啊。"开始上课了，教师要求小朋友们把凳子往前靠，去上课。只有三个小朋友没有动，保育员叫他们去上课，有两个小朋友在保育员的劝说下去上课了，另外一个小朋友说他饿，想吃东西。保育员劝说无效，直接把他硬拉到课堂上，随后开始上课。

【答题思路】

认真观看案例演示片→观察场景→找出保育员工作中的失误→室内教育活动准备工作程序。

【解答】

参考答案：

工作失误 1：活动即将开始，保育员才看教师的教案，了解本次活动的内容。

工作失误 2：保育员没有协助教师做好语言教育活动前的教具和材料的准备。

工作失误 3：保育员没有协助教师做好教育活动前幼儿的精神准备，采用不当的方式责骂幼儿。

工作失误 4：保育员没有协助教育、帮助幼儿摆放好桌椅，对幼儿错误搬椅子的方式没有加以纠正。

室内教育活动前的准备工作程序如下。

(1) 每周一开始，保育员应了解本周的教育目标及每日教育活动的目标，根据目标要求，做好前期的准备。

(2) 保育员应根据每个教育活动的不同要求，与教师和幼儿共同设计和布置活动场地。

(3) 保育员应根据活动的需要和教师的要求，把教具和物质材料等摆放到指定的位置上。

(4) 保育员应与教师共同做好室内教育活动前的精神准备。

考核要点 40——室内教育活动后的收拾整理工作要求

重点掌握

◇活动后收拾整理工作的内容方法和工作程序。

失分点

◇对活动后收拾整理工作应注意的问题不明确。

【训练：问答题】

如何做好室内教育活动后的收拾整理工作？

【答题思路】

对活动的场地、设备、活动中使用的工具、材料等进行初步的收拾和整理→清点和检查设备和材料→保留有价值的物品→做好场地清洁卫生工作。

【解答】

参考答案：做好室内教育活动后的收拾整理工作应按以下步骤进行。

（1）在教师发出活动结束的指令后，保育员要与幼儿和教师共同对活动的场地、设备、活动中使用的工具、材料等进行初步的收拾和整理。如指导幼儿把用过的东西放回原处，把活动场地中的废弃物和垃圾扔到垃圾桶里等。

（2）保育员在指导幼儿收拾整理活动结束后，还应根据情况做进一步的收拾与整理，清点和检查设备、材料的情况，保证设备、教具和工具、物品能够还原成使用前的样子，以方便下次使用。

（3）及时把幼儿在活动中的作品及其他有保留价值的物品（如幼儿的画和手工作品等）进行归类、整理，标上日期收到档案盒中，以便日后查阅。

（4）做好活动场地的清洁卫生工作。如在手工活动中，幼儿可能会使用糨糊、碎纸、小木棍、棉签、废纸盒等材料，保育员在做收拾整理工作时要把这些废材料清理干净，并及时开窗通风，保证室内场地、设备的清洁卫生。

考核要点 41——各种教育活动常用的设备和材料

重点掌握

◇各种教育活动常用的设备和材料的类型。

失分点

◇对各种教育活动常用的设备和材料不了解。

【训练：填空题】

1. 幼儿园音乐活动的设备和材料包括：铃鼓、三角铁等各种________，儿童表演服装，录音机、放像机等________，手风琴、钢琴和其他材料。

【答题思路】

幼儿园音乐活动的设备和材料包括：铃鼓、三角铁等各种小乐器，儿童表演服装，录音机、放像机等电教设备，手风琴、钢琴和其他材料。

【解答】

答案：小乐器　电教设备

2. 幼儿园语言活动的材料包括：各种图书、图片，以及________、________，集中教育活动所需的各种挂图、直观教具、________、________、废旧材料等。

【答题思路】

幼儿园语言活动的材料包括：各种图书、图片，以及故事磁带、电视录像带，集中教育活动所需的各种挂图、直观教具、电教设备、自制教具、废旧材料等。

【解答】

答案：故事磁带　电视录像带　电教设备　自制教具

考核要点 42——活动前准备和活动后整理工作的注意事项

重点掌握

◇活动前准备和活动后整理工作的注意事项。

失分点

◇不能遵守活动前准备和活动后整理工作的注意事项的要求。

【训练 1：填空题】

《幼儿园工作规程》指出，在幼儿园教育中，一日生活的________都是教育的过程，保育员在进行活动前的准备和活动后的收拾整理工作时，要有强烈的________意识，应该把它看成是培养儿童良好的________的好机会，处理好自己劳动和________的关系。

【答题思路】

《幼儿园工作规程》指出，在幼儿园教育中，一日生活的各个环节都是教育的过程，保育员在进行活动前的准备和活动后的收拾整理工作时，要有强烈的目标意识，应该把它看成是培养儿童良好的生活卫生习惯的好机会，处理好自己劳动和指导幼儿工作的关系。

【解答】

答案：各个环节　目标　生活卫生习惯　指导幼儿工作

【训练 2：问答题】

活动前的准备和活动后的整理工作的注意事项有哪些？

【答题思路】

活动准备工作和收拾工作的意义→妥善保存幼儿作品→活动前后仔细检查设备。

【解答】

参考答案：

（1）充分了解活动准备工作和活动后收拾整理工作对幼儿发展的重大意义。《幼儿园工作规程》指出，在幼儿园教育中，一日生活的各个环节都是教育的过程。因此，保育员在进行活动前的准备和活动后的收拾整理工作时，要有强烈的目标意识，不能仅仅把它当成是劳动的过程，更应该把它看成是培养儿童良好的生活、卫生习惯的好机会，重视其中的教育价值。保育员应正确处理好自己劳动和指导幼儿工作的关系。

（2）对幼儿的作品要妥善保存，帮助每个幼儿整理好作品档案是保育员应尽的职责。

（3）每次使用电教设备时，活动前后都要仔细检查，发现问题及时解决。

考核要点43——纠正婴幼儿不良姿势的工作程序、注意事项及相关知识

重点掌握

◇正确纠正婴幼儿不良姿势的步骤与方法。

失分点

◇不了解纠正婴幼儿不良姿势时应注意的问题。

【训练1：填空题】

针对婴幼儿不良姿势的不同情况，保育员应采取集体________、个别________的方式纠正婴幼儿不正确的姿势。

【答题思路】

针对婴幼儿不良姿势的不同情况，保育员应采取集体提醒、个别辅导的方式纠正婴幼儿不正确的姿势。

【解答】

答案：提醒　辅导

【训练2：问答题】

1. 如何纠正婴幼儿的不良姿势？

【答题思路】

纠正婴幼儿不良姿势的方法：认真观察及时发现婴幼儿的不良姿势→纠正的步骤→示范→讲解要领→要求模仿→日常检查和提醒→提醒婴幼儿保持正确姿势。

【解答】

参考答案：

（1）在各项活动和日常生活中认真观察婴幼儿的表现，及时发现婴幼儿不正确的姿势。

（2）针对婴幼儿姿势的不同情况，采取集体提醒、个别辅导的方式纠正婴幼儿不正确的姿势。纠正的步骤如下。

1）示范。当婴幼儿做出不良的姿势时，不应只是说某某写字头太低了，而应具体告诉孩子正确的写字姿势是什么样，并做出正确的示范。

2）讲解要领。讲解要领就是把正确姿势的完成过程和步骤向婴幼儿讲清楚，这需要与上述的示范动作结合在一起进行。

3）要求模仿。让婴幼儿按照保育员的正确姿势去做。

4）日常检查和提醒。在平时的生活和活动中，保育员要注意观察婴幼儿的行为表现，发现不良的姿势应及时提醒和检查，帮助他们改正。

（3）在平时的活动中，保育员也要注意观察婴幼儿的行为表现，提醒婴幼儿保持正确的姿势。当婴幼儿能够坚持使用正确的姿势时，要及时给予表扬和鼓励，使之形成习惯。

2. 纠正婴幼儿不良姿势的注意事项有哪些？

【答题思路】

不良姿势形成的原因及保育员的做法→纠正不良姿势时应掌握教育技巧→成人应注意姿势的正确，给幼儿树立榜样。

【解答】

参考答案：

（1）由于婴幼儿不正确姿势的形成是长期积累的结果，因此，保育员平时的观察、督促、提醒就显得尤为重要。在一日生活中，保育员要注意观察婴幼儿的表现，对其不正确的姿势，做到及时发现，及时纠正。

（2）在纠正婴幼儿不正确姿势时，要掌握教育的技巧。要善于发现婴幼儿出现的正确姿势，并及时给予表扬，使其能够经常得到正面的强化，使其不正确的姿势慢慢得到纠正。

（3）婴幼儿期的孩子模仿性很强，其不正确的姿势有很多是通过模仿形成的。因此，成人平时坐卧行走的姿势要正确，给婴幼儿树立良好的模仿榜样。

考核要点 44——室外活动场地材料准备的工作要求

重点掌握

◇室外活动场地材料准备的工作程序与方法。

失分点

◇不了解做好室外活动场地材料准备的工作应注意的问题。

【训练 1：填空题】

保育员配合室外教育活动，要帮助婴幼儿检查服装和鞋帽，并________随时提醒、帮助婴幼儿________。

【答题思路】

保育员配合室外教育活动，要帮助婴幼儿检查服装和鞋帽，并根据天气情况随时提醒、帮助婴幼儿增减衣服。

【解答】

答案：根据天气情况　增减衣服

【训练 2：问答题】

观看案例演示片 3 遍，答出保育员在配合户外体育活动中出现的工作失误中的 3 个，并答出保育员在室外活动场地、材料的准备方面有哪些工作。

地点：室外活动操场

场景：幼儿在室外进行平衡和跑步的游戏活动。平衡木下面没有放置海绵垫子，地面上有沙石等异物。

在做平衡游戏的时候，保育员只在旁边观看，没有对幼儿做好保护，有一个个子较小的幼儿走到平衡木的尽头时不敢往下跳，左顾右盼，面有难色，保育员仍坐在旁边说："没关系的，大胆往下跳。"于是这个幼儿跨下了平衡木，继续往前跑。

幼儿活动持续进行，有的幼儿衣服松散，有的没有扣纽扣，有的衣服下摆一半束起来，另一半露了出来，有的鞋带没系好，在做跑的游戏过程中就松开了。

活动将近结束时，有些幼儿满头大汗，满脸通红，有的撩起衣服就擦汗，有的幼儿分别用两只胳膊擦脸上的汗。

教师宣布游戏活动结束后，让部分幼儿把活动器材放回原来的地方，几个幼儿跑过去搬平衡木，保育员没看好，也没说怎么搬。搬平衡木时，有个幼儿险些被绊倒。平衡木搬走了，还落下一个底座，保育员也视而不见，不予纠正。

【答题思路】

室外活动场地、材料的准备工作→活动结束后的收拾整理工作。

【解答】

参考答案：

工作失误 1：保育员在游戏活动前没有将活动场地清理干净，没有准备好护垫。

正确做法：应在活动前了解清楚活动所需要的场地、设备和材料的基本要求，并进行初步的检查准备工作。

工作失误 2：保育员没有帮助婴幼儿检查衣服和鞋袜，也没有提醒、帮助婴幼儿减脱衣服、擦汗。

正确做法：保育员应帮助婴幼儿检查衣服和鞋袜，并及时根据婴幼儿的活动情况提醒、帮助婴幼儿减脱衣服、擦汗。

工作失误 3：保育员没有为婴幼儿每人准备一条擦汗巾。

正确做法：为婴幼儿每人准备一条擦汗巾，而且擦汗巾要专人专用。

工作失误 4：保育员在活动中没有及时了解婴幼儿的需要和求助，适时地给予照料、帮助和指导。

正确做法：保育员在活动中应及时了解婴幼儿的需要和求助，适时地给予帮助和指导。

工作失误 5：活动结束后，保育员没有帮助婴幼儿整理衣物和协助婴幼儿收拾整理活动的器材。

正确做法：保育员应该帮助婴幼儿整理衣物，并协助、指导婴幼儿收拾、整理好活动器材。

保育员在室外活动场地、材料准备方面的工作如下。

（1）了解活动目标及对场地和设备、材料的基本要求，对场地和设备进行初步的检查，以确保安全。

（2）帮助教师设计和布置活动场地，根据教育的要求做好物质材料的准备工作。

（3）帮助婴幼儿检查服装和鞋帽，并根据天气情况随时提醒、帮助婴幼儿增减衣服。

（4）在婴幼儿到室外进行活动时，保育员要为班里开窗通风。

考核要点45——室外活动结束后收拾整理的工作要求

重点掌握

◇室外活动场地收拾整理的工作程序与方法。

失分点

◇不了解做好室外活动场地收拾整理的工作应注意的问题。

【训练：填空题】

教育活动结束后，保育员要与________共同对活动的场地、设备、活动中使用的工具、材料等进行初步的________，指导幼儿把用过的东西________，把活动场地中的废弃物和垃圾扔到________里。

【答题思路】

教育活动结束后，保育员要与幼儿和教师共同对活动的场地、设备、活动中使用的工具、材料等进行初步的收拾和整理，指导幼儿把用过的东西放回原处，把活动场地中的废弃物和垃圾扔到垃圾桶里。

【解答】

答案：幼儿和教师　收拾和整理　放回原处　垃圾桶

考核要点46——幼儿园室外活动的常用设备和材料

重点掌握

◇幼儿园室外活动的常用设备和材料。

失分点

◇不了解室外活动中常用设备和材料的类型。

【训练：填空题】

幼儿园室外活动的中型设备和材料包括：三轮车、________、摇椅、垫子、________等。

【答题思路】

幼儿园室外活动的中型设备和材料包括：三轮车、呼啦圈、摇椅、垫子、拱形圈等。

【解答】

答案：呼啦圈 拱形圈

考核要点47——婴幼儿室外活动的安全保卫措施

重点掌握

◇做好室外活动安全保卫措施的方法。

失分点

◇做好保护性措施的工作失误。

【训练：填空题】

在室外活动中，保育员要配合教师共同________，必要时担任一定的________，使婴幼儿的室外活动能够________、________地开展，达到既定的教育目标。

【答题思路】

在室外活动中，保育员要配合教师共同组织活动，必要时担任一定的角色，使婴幼儿的室外活动能够安全、有序地开展，达到既定的教育目标。

【解答】

答案：组织活动 角色 安全 有序

考核要点48——协助教师组织婴幼儿室外活动的工作程序及注意事项

重点掌握

◇协助教师组织婴幼儿活动的基本方法、技巧及工作程序。

失分点

◇不能正确掌握协助教师组织婴幼儿活动的注意事项。

【训练1：填空题】

1. 保育员应及时向教师反映婴幼儿的________，提醒婴幼儿________，完成活动要求。

【答题思路】

保育员应及时向教师反映婴幼儿的要求和情况，提醒婴幼儿遵守活动规则，完成活动要求。

【解答】

答案：要求和情况　遵守活动规则

2. 室外活动是婴幼儿最喜欢的活动，也是最容易出现________问题的活动。因此保育员要在活动前认真检查场地、材料和设备，确保婴幼儿________的安全性，活动中认真观察婴幼儿的活动反应，掌握好他们的________，及时与家长和教师进行沟通，了解婴幼儿的________。

【答题思路】

室外活动是婴幼儿最喜欢的活动，也是最容易出现安全问题的活动。因此保育员要在活动前认真检查场地、材料和设备，确保婴幼儿使用的安全性，活动中认真观察婴幼儿的活动反应，掌握好他们的活动量，及时与家长和教师进行沟通，了解婴幼儿的真实情况。

【解答】

答案：安全　使用　活动量　真实情况

【训练 2：问答题】

观看案例演示片 3 遍，答出保育员在配合户外游戏活动中出现的工作失误中的 3 个，并答出保育员在协助教师组织婴幼儿活动中有哪些工作。

地点：游戏活动区

时间：游戏活动

场景：保育员带小朋友们到户外后，小朋友各自散乱地跑向游戏活动区域，在组合滑梯上各玩各的。其中有两个小朋友在滑梯上互相挤着由下向上爬。一个小朋友不敢在吊桩上往前走，保育员说："不敢走啊，那老师抱你下来不玩了，好吧？"游戏即将结束时，小朋友们玩得满头大汗，其中有几个小朋友撩起衣服擦汗，扇风。有一个小朋友坐在游戏场的旁边，闷闷不乐地独自抠手中的小玩具玩，保育员则站在旁边不远处和别的老师聊天，视而不见。

【答题思路】

室外活动是婴幼儿最喜欢的活动，也是最容易出现安全问题的活动。因此，保育员在协助教师组织室外活动时，要根据教师的要求，协助教师组织好婴幼儿的户外活动，在活动中应注意如下内容。

（1）每次活动前一定要对场地、材料和设备做认真的检查，确保婴幼儿使用的安全性。

（2）认真观察婴幼儿的活动反应，掌握好婴幼儿的活动量。

（3）及时与家长和教师进行沟通，了解婴幼儿的真实情况。

【解答】

参考答案：

工作失误1：保育员在活动时没有及时提醒婴幼儿遵守活动规则。

工作失误2：保育员没有帮助婴幼儿检查衣服和鞋袜，没有检查婴幼儿衣服里是否有异物。

工作失误3：保育员没有为婴幼儿每人准备一条擦汗巾，没有根据婴幼儿的活动情况提醒、帮助婴幼儿减脱衣服、擦汗。

工作失误4：保育员在活动中没有及时了解婴幼儿的需要和求助，适时地给予保护照料、帮助指导。

工作失误5：保育员没有给予体弱儿充分的鼓励和锻炼机会。

保育员协助教师组织婴幼儿活动的工作如下。

（1）在活动中注意观察婴幼儿的反应，及时了解他们的需要，适时地给予帮助和指导。

（2）及时了解和领会教师的教育意图，能准确地贯彻和执行教师的教育要求。

（3）及时向教师反映婴幼儿的要求和情况，提醒婴幼儿遵守活动规则，完成活动要求。保育员在婴幼儿自由活动时要主动参与到婴幼儿的各种活动中，认真观察婴幼儿的行为表现，提醒婴幼儿注意安全。

（4）认真完成教师布置的临时工作，配合教师做好各项工作。

考核要点49——活动材料选择的安全卫生要求

重点掌握

◇活动材料选择的安全卫生要求。

失分点

◇不了解活动材料选择的安全卫生要求。

【训练：填空题】

1. 婴幼儿活动材料选择的工作程序正确的字母排列是________。

A. 选择、配置、投放活动材料

B. 对活动材料进行安全检查

C. 了解活动内容和活动所需场地、材料

D. 摆放活动材料

【答题思路】

婴幼儿活动材料选择的工作程序：对活动材料进行安全检查→了解活动内容和活动所需场地、材料→选择、配置、投放活动材料→摆放活动材料。

【解答】

答案：B—C—A—D

2. 保育员在选择婴幼儿的活动材料时，应先了解________、________，以及材料的数量。

【答题思路】

保育员在选择婴幼儿的活动材料时，应先了解活动的内容、活动所需的场地，以及材料的数量。

【解答】

答案：活动的内容　活动所需的场地

考核要点 50——户外活动场所的安全要求

重点掌握

◇户外活动场所的安全要求。

失分点

◇不了解户外活动场所的安全要求。

【训练：填空题】

1. 婴幼儿的户外活动场地的地面设施主要有________、________和草地等类型。

【答题思路】

婴幼儿的户外活动场地的地面设施主要有水泥地、泥沙地和草地等类型。

【解答】

答案：水泥地　泥沙地

2. 保育员在________或者________时要清点人数，防止婴幼儿丢失。

【答题思路】

保育员在组织外出活动或者交接班时要清点人数，防止婴幼儿丢失。

【解答】

答案：组织外出活动　交接班

考核要点51——室内活动场所的安全要求

重点掌握

◇室内活动场所的安全要求。

失分点

◇不了解室内活动场所的安全要求。

【训练：填空题】

1. 幼儿园的活动室应做到宽敞、________，以及________。

【答题思路】

幼儿园的活动室应做到宽敞、采光充分和照明良好，以及通风良好。

【解答】

答案：采光充分和照明良好　通风良好

2. 活动室的通风形式主要有两种：一是________，二是________。

【答题思路】

活动室的通风形式主要有两种：一是自然通风，二是人工通风。

【解答】

答案：自然通风　人工通风

考核要点52——幼儿园房舍的配置及卫生原则

重点掌握

◇幼儿园房舍的配置及卫生原则。

失分点

◇不了解幼儿园房舍的配置及卫生原则。

【训练：填空题】

幼儿园的喂奶室、配乳室、卫生间和储藏室属于________用房，医务室、隔离室、会议室、资料室属于________用房。

【答题思路】

幼儿园的喂奶室、配乳室、卫生间和储藏室属于生活用房，医务室、隔离室、会议室、资料室属于服务用房。

【解答】

答案：生活　服务

考核要点53——幼儿园生活用房的卫生要求

重点掌握

◇幼儿园生活用房的卫生要求。

失分点

◇不了解幼儿园生活用房的卫生要求。

【训练：填空题】

1. 活动室的家具要尽量放置在________和________，以保持活动室宽敞。

【答题思路】

活动室的家具要尽量放置在墙角和角落，以保持活动室宽敞。

【解答】

答案：墙角　角落

2. 幼儿园的生活用房应安排在________；在温暖、炎热的地区，幼儿园的生活用房应避免朝______。

【答题思路】

幼儿园的生活用房应安排在当地最好的日照方位；在温暖、炎热的地区，幼儿园的生活用房应避免朝西。

【解答】

答案：当地最好的日照方位　西

考核要点54——幼儿园各种设备和卫生用具的卫生要求

重点掌握

◇幼儿园各种设备和卫生用具的卫生要求。

失分点

◇不了解幼儿园各种设备和卫生用具的卫生要求。

【训练：填空题】

幼儿园的各种设备和用具，是婴幼儿生活和开展各种活动所必需的________。为了保证婴幼儿的________，这些设备和用具必须适合婴幼儿的________，符合基本的________。

【答题思路】

幼儿园的各种设备和用具，是婴幼儿生活和开展各种活动所必需的物质条件。为了保证婴幼儿的身心健康和发展，这些设备和用具必须适合婴幼儿的年龄特点，符合基本的卫生要求。

【解答】

答案：物质条件　身心健康和发展　年龄特点　卫生要求

考核要点55——婴幼儿着装检查的工作程序及相关知识

重点掌握

◇婴幼儿着装检查的工作程序。

失分点

◇婴幼儿着装检查的工作程序错误。

【训练：填空题】

1. 婴幼儿皮肤娇嫩，________，因此，婴幼儿的贴身内衣应选用________。纯棉内衣吸湿性、________好，而且________，适合婴幼儿穿着。

【答题思路】

婴幼儿皮肤娇嫩，排汗量多，因此，婴幼儿的贴身内衣应选用纯棉面料。纯棉内衣吸湿性、透气性好，而且柔软保温，适合婴幼儿穿着。

【解答】

答案：排汗量多　纯棉面料　透气性　柔软保温

2. 在婴幼儿入园的________、从户外回到教室，以及________，保育员都要认真检查婴幼儿的衣着，防止婴幼儿携带花生、________等小食品、________。

【答题思路】

在婴幼儿入园的晨检、从户外回到教室，以及午睡前，保育员都要认真检查婴幼儿的衣着，防止婴幼儿携带花生、珠子等小食品、小物件。

【解答】

答案：晨检　午睡前　珠子　小物件

考核要点56——危险用品及药品保管的工作程序

重点掌握

◇妥善保管好幼儿园的危险物品。

失分点

◇危险品保管的程序错误。

【训练1：填空题】

幼儿园的危险用品多指________、________、易燃、易爆的物品。幼儿园应有________，要上锁保管。每次使用这些物品时要________，使用完后剩余部分要________。要对用完的瓶罐做统一的回收处理，不能随意放在________，以防好奇的婴幼儿玩耍。

【答题思路】

幼儿园的危险用品多指有腐蚀性、有毒、易燃、易爆的物品。幼儿园应有专人保管，要上锁保管。每次使用这些物品时要登记记录，使用完后剩余部分要上交保管。要对用完的瓶罐做统一的回收处理，不能随意放在盥洗室，以防好奇的婴幼儿玩耍。

【解答】

答案：有腐蚀性　有毒　专人保管　登记记录　上交保管　盥洗室

【训练2：问答题】

幼儿园的药品如何保管？

【答题思路】

药品管理要求：妥善保管→位置固定→服药前逐一核对→认真记录→剩余药物妥善保管。

【解答】

参考答案：

（1）保健人员和保育员应将婴幼儿的药物妥善保管好，贴上标签。

（2）药品要放在固定的位置，并使婴幼儿拿不到。

(3) 服药要按时，服药前要注意核对婴幼儿姓名、药名、剂量、用法，并亲自督促婴幼儿服用，服药情况要做认真记录，防止婴幼儿不肯服药、乱服药或重复服药。

(4) 婴幼儿服完药后，剩余的药物要继续妥善保管好。

考核要点57——测量体温及物理降温的操作方法

重点掌握

◇测量体温及物理降温的操作方法。

失分点

◇测量体温及物理降温的操作方法出现失误。

【训练：填空题】

婴幼儿的体温比成人略高，正常体温为________℃。给婴幼儿测体温时要测腋下，把体温表的水银端放在婴幼儿的________，让婴幼儿________。测至________分钟取出。

【答题思路】

婴幼儿的体温比成人略高，正常体温为36～37.4℃。给婴幼儿测体温时要测腋下，把体温表的水银端放在婴幼儿的腋窝中间，让婴幼儿曲臂，夹紧。测至5分钟取出。

【解答】

答案：36～37.4　腋窝中间　曲臂，夹紧　5

考核要点58——喂药的操作方法

重点掌握

◇正确掌握喂药的操作方法。

失分点

◇喂药操作方法不正确。

【训练：问答题】

如何给婴幼儿喂药？

【答题思路】

给婴幼儿喂药的操作：将药片研成细小粉末→调成半流体状→固定婴幼儿头部→左手捏住婴幼儿下巴→右手将勺尖紧贴婴幼儿的嘴角将药灌入→让婴幼儿喝几口糖水。

【解答】

参考答案：给婴幼儿喂药，可将药片研成细小粉末，溶在糖水、果汁等香甜可口的液体中，或用奶瓶像喂奶那样喂进去。喂药的方法如下。

（1）将药片研成细小粉末，放在小勺里，加点糖、少许水，调成半流体状。

（2）固定婴幼儿头部，使头歪向一侧，左手捏住婴幼儿下巴，右手将勺尖紧贴婴幼儿的嘴角将药灌入；待婴幼儿将药咽下去后，放开下巴，再让婴幼儿喝几口糖水，以免嘴苦。

（3）对2～3岁的幼儿就要鼓励他们自己吃药，不宜采用灌药的办法。

考核要点59——翻转眼皮及滴眼药水的操作方法

重点掌握

◇翻转眼皮及滴眼药水的操作方法。

失分点

◇用食指、中指分开婴幼儿的上、下眼皮。

【训练：问答题】

请分析下例中保育员做法的不当之处，并说说如何正确地给婴幼儿滴眼药水。

游泳上岸后，保育员王某给小朋友滴保健眼药水。她洗完手后，叫小朋友仰起头，然后她用左手食指、中指分开小朋友的上、下眼皮，右手拿着药瓶，分别把药液滴在双眼的下眼皮内，每只眼睛滴了2滴，然后叫小朋友合上眼睛，转动眼球。

【答题思路】

滴眼药的程序：把手洗净→擦去眼部分泌物→核对药名→婴幼儿头向后仰→左手食指、拇指分开上、下眼皮→右手将药液滴进下眼皮内→让婴幼儿闭眼睛→嘱咐婴幼儿转动眼球。

【解答】

参考答案：

（1）保育员操作基本正确。

（2）不足之处：用食指、中指分开婴幼儿的上、下眼皮。

(3) 为婴幼儿滴眼药水的程序如下。

1) 保育员把手洗干净，擦去婴幼儿眼部分泌物。

2) 核对药名。

3) 让婴幼儿头向后仰，用左手食指、拇指轻轻分开婴幼儿的上、下眼皮。

4) 右手拿药瓶，将药液滴进下眼皮内，每次 1～2 滴，再让婴幼儿轻轻闭上眼睛。

5) 用食指、拇指轻提上眼皮，嘱咐婴幼儿转动眼球。

考核要点 60——滴耳、鼻药水的操作方法

重点掌握

◇滴耳、鼻药水的操作方法。

失分点

◇滴耳、鼻药水的操作方法出现某些失误。

【训练：问答题】

1. 简述滴鼻药水的操作方法。

【答题思路】与【解答】

参考答案：滴鼻药水的操作方法如下。

(1) 让婴幼儿坐在椅子上，背靠椅背，头尽量向后仰，这样可以避免药液通过鼻咽部流到口腔。

(2) 一手拿药瓶，在距鼻孔 2～3 厘米处将药液滴入鼻孔，每侧 2～3 滴，轻轻按压鼻翼，使药液均匀接触鼻腔黏膜，并进入鼻道，以发挥疗效。

(3) 滴药后保持原姿势 3～5 分钟。

2. 简述滴耳药水的操作方法。

【答题思路】与【解答】

参考答案：滴耳药水的操作方法如下。

(1) 让婴幼儿侧卧，使病耳向上。

(2) 用棉棒擦耳道，再滴药。

(3) 一手牵拉耳廓，使外耳道变直，另一手持药瓶将药水从外耳道后壁滴入 2～3 滴药液，轻揉耳屏，使药液充分进入耳道深处。

(4) 滴药后保持原姿势 3～5 分钟。

考核要点 61——简易通便的操作方法

重点掌握

◇简易通便的操作方法。

失分点

◇简易通便的操作方法不正确。

【训练：填空题】

简易通便法主要包括：________通便法和________通便法。肥皂通便法是将普通肥皂削成________，蘸少许温水，慢慢塞入肛门，利用肥皂的________，引起排便。

【答题思路】

简易通便法主要包括：开塞露通便法和肥皂通便法。肥皂通便法是将普通肥皂削成圆锥形，蘸少许温水，慢慢塞入肛门，利用肥皂的机械刺激，引起排便。

【解答】

答案：开塞露　肥皂　圆锥形　机械刺激

考核要点 62——常见小外伤的处理

重点掌握

◇了解常见小外伤的处理常识。

失分点

◇不能及时处理常见小外伤。

【训练 1：填空题】

1. 婴幼儿在奔跑、跳跃、与同伴嬉闹时不慎跌倒，很容易蹭破________，如果伤口较深有出血，应该用________或________清洁伤口，并用酒精________，若伤势较严重，需要送医院治疗。

【答题思路】

婴幼儿在奔跑、跳跃、与同伴嬉闹时不慎跌倒，很容易蹭破膝盖、胳膊肘，如果伤口较深有出血，应该用净水或生理盐水清洁伤口，并用酒精消毒伤口，若伤势较严重，需要送医院治疗。

【解答】

答案：膝盖、胳膊肘　净水　生理盐水　消毒伤口

2. 竹刺、木刺扎入皮肤后，会有一部分露出皮肤，用消毒过的________或________顺着刺的方向把刺全部挑、________出来，不要有残留，并挤出________，然后用酒精________伤口即可。

【答题思路】

竹刺、木刺扎入皮肤后，会有一部分露出皮肤，用消毒过的针或镊子顺着刺的方向把刺全部挑、拔出来，不要有残留，并挤出瘀血，然后用酒精消毒伤口即可。

【解答】

答案：针　镊子　拔　瘀血　消毒

3. 婴幼儿在使用剪刀、小刀等文具或触摸纸边和打碎的玻璃器皿、陶器时，都可能发生手被划破的事故。如果是________扎伤，应先用________清理伤口，用________清除碎玻璃片，消毒后进行________。

【答题思路】

婴幼儿在使用剪刀、小刀等文具或触摸纸边和打碎的玻璃器皿、陶器时，都可能发生手被划破的事故。如果是玻璃器皿扎伤，应先用清水清理伤口，用镊子清除碎玻璃片，消毒后进行包扎。

【解答】

答案：玻璃器皿　清水　镊子　包扎

4. 婴幼儿的手指经常被门、抽屉挤伤，严重时可出现________的现象，应及时发现并处理。如果没有破损，可用清水冲洗，进行________。如果出血，应________、包扎、冷敷。如果指甲掀开或脱落，则应立即去医院处理。

【答题思路】

婴幼儿的手指经常被门、抽屉挤伤，严重时可出现指甲脱落的现象，应及时发现并处理。如果没有破损，可用清水冲洗，进行冷敷。如果出血，应消毒、包扎、冷敷。如果指甲掀开或脱落，则应立即去医院处理。

【解答】

答案：指甲脱落　冷敷　消毒

5. 鼻出血的原因很多，如外伤、某些________、________、鼻内异物等都可引起鼻出血。

【答题思路】

鼻出血的原因很多，如外伤、某些全身性疾病、鼻黏膜干燥、鼻内异物等都可引

起鼻出血。

【解答】

答案：全身性疾病　鼻黏膜干燥

【训练 2：问答题】

谈谈应该怎样处理鼻出血问题。

【答题思路】及【解答】

参考答案：幼儿园中，婴幼儿鼻出血的现象时有发生且原因很多，其处理方法如下。

（1）一旦婴幼儿发生鼻出血，首先让患儿坐下，保持安静，并为他松开衣领、腰带，让他的头稍向后仰。

（2）用拇指和食指紧紧地压住患儿的鼻翼，同时在额头或鼻梁处放上冷毛巾或冰块，一般压迫 5～10 分钟即可止住。

（3）若出血较多或经常流鼻血，应去医院诊治。

模拟考核

初级保育员操作技能考核试卷
(笔答部分)

注意事项

1. 本职业操作技能考核时间：180 分钟。
2. 请首先按要求在试卷的标封处填写您的姓名、准考证号和所在单位的名称。
3. 请仔细阅读各种题目的回答要求，在规定的位置填写您的答案。
4. 不要在试卷上乱写乱画，不要在标封区填写无关的内容。

	一	二	总分
得分			

得分	
评分人	

一、问答题（第 1～6 题。每题 10 分，共 60 分）

1. 观看案例演示片 3 遍，答出保育员在饮水工作中出现的工作失误中的 3 个，并答出准备饮用水的注意事项。(10 分)

演示片场景描述：保育员提着一壶开水进入教室，来到保温桶旁，并把开水壶放在地上，接着取下保温桶的盖子放在保温桶架子底层，然后提起保温桶进入盥洗室，把桶内的剩水倒入水池。保育员左手扶桶，右手从水龙头上拿起一块抹布挤了挤水就擦拭保温桶外面，之后提着保温桶回教室，把开水壶中的水倒入保温桶中，把桶盖虚盖在保温桶上。保育员叫幼儿来排队喝水，幼儿接水的数量不等。保育员提醒幼儿水烫，吹一吹再喝。幼儿端水站在桌子旁，边吹边喝。

2. 观看案例演示片 3 遍，答出保育员在配合语言教育活动中出现的工作失误中的 3 个，并答出室内教育活动前的准备工作程序。(10 分)

演示片场景描述：要上课了，教室里还有几个小朋友互相追逐，跑来跑去。教师则在准备上课用的东西。活动即将开始，保育员在看教师的教案，了解本次活动的内容。还有一个小朋友在乱跑，一不小心撞到保育员身上，保育员大声训斥他说："你怎么回事啊，在教室里乱跑什么，没看到小朋友都做好准备上课了？去给我坐凳子上去，没有叫你起来不许动啊。"开始上课了，教师要求小朋友们把凳子往前靠，去上课。只有三个小朋友没有动，保育员来叫他们去上课，有两个小朋友在保育员的劝说下去上课了，另外一个小朋友说他饿，想吃东西。保育员劝说无效，直接把他硬拉到课堂上，随后开始上课。

3. 观看案例演示片 3 遍，答出保育员在组织幼儿进餐时出现的工作失误中的 3 个，并答出分发餐具的方法。(10 分)

演示片场景描述：午餐之前，保育员拿起抹布和值日生一起擦拭桌子，保育员擦拭第一遍，值日生擦拭第二遍，擦完桌子后清洗抹布。之后，保育员把餐具交给值日生分发，值日生在这张桌子上分发几个碗和盘，又在那张桌子上分发几把勺子，保育员则忙着分发饭菜，将饭菜分装在碗和盘中。餐室内轻声播放着音乐，小朋友入座进餐，保育员站在一旁观看小朋友进食。有一个小朋友打翻饭碗，饭菜撒了一地，保育员只是急急忙忙地拿来笤帚、簸箕将饭菜打扫干净。一个小男孩添饭，他回到座位后边吃边悄悄地把萝卜挑出来扔到盘子里，保育员过来大声地批评他，要求他把萝卜和其他肉菜一起吃掉。大部分小朋友进食完毕，坐在最后排的一个小朋友情绪低落，不动手进食，保育员前去询问，并喂他吃了几口，将剩下的饭菜倒掉了，然后忙着进行餐后整理工作。

4. 请分析案例中保育员做法的错误之处，并答出正确做法。(10分)

午睡时，保育员何某一边大声督促幼儿快闭上眼睛好好睡觉，一边取来水桶，对寝室地面进行擦洗。

5. 分析下面的案例。(10分)

早上，大班幼儿小明的家长说孩子感冒了，把医院开的药片和口服液交给了保育员刘某，并交代：今早已服过一次药了。午餐后，刘某取出药片，插好口服液的吸管，叫小明就着菜汤送服。

(1) 上述做法是否正确？错在哪里？

(2) 如果是你，你该如何给幼儿喂药？

6. 请分析下例中保育员做法的不当之处，并说说如何正确地给幼儿滴眼药水。(10分)

游泳上岸后，保育员王某给小朋友滴保健眼药水。她洗完手后，叫小朋友仰起头，然后她用左手食指、中指分开小朋友的上、下眼皮，右手拿着药瓶，分别把药液滴在双眼的下眼皮内，每只眼睛滴了2滴，然后叫小朋友合上眼睛，转动眼球。

得分	
评分人	

二、填空题（第1～20题。请将正确答案填入题内空白处。每题2分，共40分）

1. 清洁用具经常性消毒的做法是：________，________。

2. 衣服、被褥、书籍、玩具适用________消毒；各种耐热物品放入蒸汽消毒柜________分钟，灭菌效果极佳。

3. 保育员在进行消毒液的配制时，要根据________或________，配制所需要的消毒液。

4. 常用的餐具消毒方法是________和________。

5. 消毒液配制工作程序正确的字母排列顺序是________。

A. 将配制好的消毒药液放置在婴幼儿无法拿到的地方

B. 将消毒液搅拌均匀

C. 按照要求准备水盆或水桶及量杯

D. 按照配制比例，在盆或桶中准备相应份数的水，用量杯将相应分量的药液倒入其中

6. 帮助婴幼儿清洗身体时，保育员应把肥皂抹在________搓出泡沫，不用清洗________，对女孩子每天晚上都要清洗________，男孩子要清洗________。

7. 幼儿洗手时应该使用________彻底把手清洗干净，并培养幼儿________洗手的良好习惯。

8. 保育员应控制婴幼儿午餐的________，避免影响午睡睡眠质量；睡眠前不宜做________，避免婴幼儿过度兴奋，影响他们的睡眠欲望。

9. 保育员应做好幼儿穿脱衣服的检查工作，教会较大幼儿进行________，指导婴幼儿应最后脱________。

10. 婴幼儿穿衣服的正确字母排列顺序是________。

A. 穿袜子、裤子

B. 穿鞋

C. 穿毛衣或棉衣

11. 保育员管理本班物品，应做到每件物品来路________，消路________，不________，做好________工作。

12. 保育员应为每个婴幼儿制作一个储物袋，把________的东西放在袋里，以免

________。

13. 保育员配合室外教育活动，要帮助婴幼儿检查服装和鞋帽，并________随时提醒、帮助婴幼儿________。

14. 在室外活动中，保育员要配合教师共同________，必要时担任一定的________，使婴幼儿的室外活动能够________、________地开展，达到既定的教育目标。

15. 保育员应及时向教师反映婴幼儿的________，提醒婴幼儿________，完成活动要求。

16. 婴幼儿活动材料选择的工作程序正确的字母排列是________。

A. 选择、配置、投放活动材料

B. 对活动材料进行安全检查

C. 了解活动内容和活动所需场地、材料

D. 摆放活动材料

17. 室外活动是婴幼儿最喜欢的活动，也是最容易出现________问题的活动，因此保育员要在活动前认真检查场地、材料和设备，确保婴幼儿________的安全性，活动中认真观察婴幼儿的活动反应，掌握好婴幼儿的________，及时与家长和教师进行沟通，了解婴幼儿的________。

18. 幼儿园的生活用房应安排在________；在温暖炎热的地区，幼儿园的生活用房应避免朝________。

19. 幼儿园的活动室应做到宽敞、________，以及________。

20. 活动室的通风形式主要有两种：一是________，二是________。

初级保育员操作技能考核试卷

标准答案

一、问答题（每题10分，共60分）

1. 观看案例演示片3遍，答出保育员在饮水工作中出现的工作失误中的3个，并答出准备饮用水的注意事项。(10分)

答案及评分标准：指出任意3处错误，6分；指出准备饮用水的注意事项，4分。

工作失误1：饮水桶清洗不彻底。(2分)

工作失误2：水温不适宜。(2分)

工作失误3：开水桶放置在地上，饮水桶盖没有扣紧，既不安全也不卫生。(2分)

工作失误4：没有在幼儿接水喝之前先空放一两杯水。(2分)

工作失误5：没有提醒幼儿洗完手后再拿水杯接水喝。(2分)

工作失误6：没有提醒幼儿先接半杯水，坐到椅子上喝完再接。(2分)

准备饮用水的注意事项：

(1) 开水不进教室。(1分)

(2) 幼儿喝水前应先空放一两杯饮用水，并舍弃。(1分)

(3) 保育员应注意补充饮用水时的安全，避免碰撞、绊倒或烫伤幼儿。(2分)

2. 观看案例演示片3遍，答出保育员在配合语言教育活动中出现的工作失误中的3个，并答出室内教育活动前的准备工作程序。(10分)

答案及评分标准：指出任意3处错误，6分；指出室内教育活动前的准备工作程序，4分。

工作失误1：活动即将开始，保育员才看教师的教案，了解活动内容。(2分)

工作失误2：保育员没有协助教师做好语言教育活动前的教具和材料的准备。(2分)

工作失误3：保育员没有协助教师做好教育活动前幼儿的精神准备，用不当的方式责骂幼儿。(2分)

工作失误4：保育员没有协助教育、帮助幼儿摆放好桌椅，对幼儿错误搬椅子的方式没有予以纠正。(2分)

室内教育活动前的准备工作程序如下。

(1) 每周一开始，保育员应了解本周的教育目标及每日教育活动的目标，根据目

标要求，做好前期的准备。(1分)

(2) 保育员应根据每个教育活动的不同要求，与教师和幼儿共同设计和布置活动场地。(1分)

(3) 保育员应根据活动的需要和教师的要求，把教具和物质材料等摆放到指定的位置上。(1分)

(4) 保育员应与教师共同做好室内教育活动前的精神准备。(1分)

3. 观看案例演示片3遍，答出保育员在组织幼儿进餐时出现的工作失误中的3个，并答出分发餐具的方法。(10分)

答案及评分标准：指出任意3处错误，6分；指出发放餐具的方法，4分。

工作失误1：有一个小朋友打翻饭碗，饭菜撒了一地，保育员只是急忙地扫干净，没有进行随机教育。(2分)

工作失误2：对挑食的小朋友只是大声批评，没有耐心教育。(2分)

工作失误3：将一位小朋友吃剩下的饭菜倒掉了。(2分)

工作失误4：没有具体指导值日生清洁工作。(2分)

工作失误5：没有具体指导值日生分发餐具。(2分)

分发餐具的方法：碗摆放在正对着椅子的位置，盘子放在碗的前面，勺子或筷子应放在盘子上。分发勺子和筷子时，手应抓捏在勺柄处或筷子的尾端，摆放整齐。(4分)

4. 请分析案例中保育员做法的错误之处，并答出正确做法。(10分)

答案及评分标准：

(1) 清洁时间不对。应等幼儿起床后或睡前拖地。(3分)

(2) 清洗方法不对。不应用水冲擦，而应用半干的拖把清洁地面。(3分)

(3) 大声说话不对。组织幼儿睡眠，应动作、声音轻柔，避免大呼小叫。(4分)

5. 分析下面的案例。(10分)

答案及评分标准：

(1) 指出保育员做法的错误：用菜汤送服药物。(2分)

(2) 正确做法如下。

1) 核对药名、患儿姓名及服药剂量。(2分)

2) 根据服药记录准备药物。(2分)

3) 准备服药用的白开水。(1分)

4) 和蔼地劝说患儿服药。(1分)

5) 让患儿安静片刻。(1分)

6) 做好服药记录。(1分)

6. 请分析下例中保育员做法的不当之处，并说说如何正确地给幼儿滴眼药水。

（10 分）

答案及评分标准：

（1）操作基本正确。（1 分）

（2）指出不足：用食指、中指分开幼儿上、下眼皮。（1 分）

（3）为幼儿滴眼药水的程序如下。

1）把手洗干净，擦去眼部分泌物。（1 分）

2）核对药名。（1 分）

3）让幼儿头向后仰，用左手食指、拇指轻轻分开幼儿的上、下眼皮。（2 分）

4）右手拿药瓶，将药液滴进下眼皮内，每次 1～2 滴，再让幼儿轻轻闭上眼睛。（2 分）

5）用食指、拇指轻提上眼皮，嘱咐幼儿转动眼球。（2 分）

二、填空题（每题 2 分，共 40 分）

1. 每次用后及时洗净　保持干燥
2. 日晒法　40
3. 配制比例　医生要求
4. 煮沸法　蒸汽消毒法
5. C—D—B—A
6. 手上　头发　外阴部　包皮污垢
7. 肥皂　饭前便后
8. 喝汤量　剧烈运动
9. 自我检查　毛衣或棉衣
10. C—A—B
11. 明　清　丢失　记录
12. 来回带　丢失
13. 根据天气情况　增减衣服
14. 组织活动　角色　安全　有序
15. 要求和情况　遵守活动规则
16. B—C—A—D
17. 安全　使用　活动量　真实情况
18. 当地最好的日照方位　西
19. 采光充分和照明良好　通风良好
20. 自然通风　人工通风

初级保育员技能考核通知单（考生）

姓名：__________ 准考证号：__________ 单位：__________

由考场准备。

初级保育员操作技能考核准备通知单（考场）

姓名：__________ 准考证号：__________ 单位：__________

1. 设备准备

序号	名称	规格	单位	数量	备注
1	笔试考场		间	1	能容纳考生
2	课桌		张	同考生数	
3	课椅		把	同考生数	
4	答题纸	A4	页	若干	
5	能播放 AVI 格式录像文件的计算机及投影仪器		台	1	保证能集中放映录像
6	能播放 AVI 格式录像文件的计算机教室	统一受控播放耳机接听			计算机台数同考生数量，中控播放可用服务器通过计算机局域网或使用语音实验室设备

注：第 5 项和第 6 项具备其一即可，至少保证第 5 项，最好达到第 6 项。

2. 其他准备

考场需要根据试卷上的录像案例分析题，提前准备出三段录像文件：“饮水”“配合语言教育活动”和“进餐”，并在考试开始后将每段录像连续播放 3 遍，每段录像之间停顿 10 分钟。

保育员（中级）

考核内容

中级保育员操作技能鉴定考核要素细目表

考核范围		考核比重	名称	重要程度
清洁消毒	消毒	10%	漂白粉溶液配制程序	掌握
			配制漂白粉溶液的注意事项	掌握
			84 消毒液配制程序	掌握
			消毒液的配制公式	掌握
			食具、水杯、毛巾、餐巾的消毒	掌握
			门拉手、饮水龙头、洗手龙头的消毒	掌握
			厕所、便器的消毒	掌握
生活管理	晨、午、晚检与体检	10%	日托幼儿园晨检的方法	掌握
			日托幼儿园晨检后的其他工作	掌握
			整托幼儿园晨检的工作程序	掌握
			晨检的相关知识和注意事项	熟悉
			体重的测量程序	掌握
			身高的测量程序	掌握
			婴幼儿身高体重的粗略评价方法	熟悉
			测量身高体重的注意事项	掌握
	进餐	10%	餐前对值日生清洁卫生工作的指导	掌握
			餐前对值日生分发餐具的指导	掌握
			指导餐前值日生工作的注意事项	掌握
			促进婴幼儿食欲的工作程序	掌握
			促进婴幼儿食欲的相关知识	熟悉
			促进婴幼儿食欲的注意事项	掌握
			指导大班幼儿自取食物的工作程序	掌握
			纠正婴幼儿不良进餐姿势的工作方法	掌握
			指导大班幼儿自取食物的注意事项	掌握
			指导婴幼儿使用勺子的注意事项	掌握

续表

考核范围		考核比重	名称	重要程度
生活管理	进餐	10%	指导婴幼儿使用筷子的注意事项	掌握
	盥洗如厕	10%	指导婴幼儿洗手的工作程序	掌握
			指导婴幼儿洗脸的工作程序	掌握
			指导婴幼儿漱口刷牙的工作程序	掌握
			为婴幼儿洗澡的工作程序	掌握
			指导婴幼儿洗脚的工作程序	掌握
			指导婴幼儿洗屁股的工作程序	掌握
			指导婴幼儿盥洗的原则	掌握
			指导婴幼儿盥洗的注意事项	掌握
			培养婴幼儿的清洁习惯	掌握
	睡眠	10%	预防婴幼儿睡眠中遗尿的工作程序	掌握
			婴幼儿睡眠中遗尿的原因	掌握
			婴幼儿睡眠中遗尿的预防和纠正	掌握
			预防婴幼儿遗尿的工作注意事项	掌握
配合教育活动	室内教育活动	16%	保育员参加婴幼儿的部分游戏和教学活动的工作程序	掌握
			保育员参加婴幼儿的部分游戏和教学活动的注意事项	掌握
			总结保育工作的工作程序及保育工作总结的相关知识	熟悉
			保育工作总结的注意事项	熟悉
			制作玩具和教具的工作程序	掌握
			制作玩具和教具的注意事项	掌握
			指导个别婴幼儿参与活动的工作程序	掌握
			指导个别婴幼儿参与活动的注意事项	掌握
	室外教育活动	14%	室外教育活动中给婴幼儿增减衣服的工作程序	掌握
			室外教育活动中给婴幼儿增减衣服的相关知识及注意事项	掌握
			室外教育活动中照顾体弱儿的工作程序	掌握
			室外教育活动中照顾体弱儿的注意事项	熟悉

续表

考核范围		考核比重	名称	重要程度
配合教育活动	室外教育活动	14%	照顾肥胖儿的工作程序	掌握
			照顾肥胖儿的相关知识	熟悉
			照顾肥胖儿的注意事项	掌握
安全工作	常规安全措施	10%	观察婴幼儿的行为，预防事故发生的工作程序	掌握
			预防并处理婴幼儿走失的工作程序	掌握
			预防婴幼儿气管异物的工作程序	掌握
			严格执行幼儿园的生活制度	掌握
			严格执行幼儿园的健康检查制度	掌握
			严格执行幼儿园的消毒制度	掌握
			严格执行幼儿园的隔离制度	掌握
			严格执行幼儿园的预防接种制度	掌握
	防止意外伤害	10%	鼻腔异物的处理	掌握
			咽部异物的处理	掌握
			眼内异物的处理	掌握
			外耳道异物的处理	掌握
			气管异物的处理	掌握
			蚊虫咬伤的处理	掌握
			惊厥的处理	掌握
			中暑的处理	掌握
			冻伤的处理	掌握
			头部摔伤的处理	掌握
			溺水的处理	掌握
			触电的处理	掌握
			判断病情轻重的方法	掌握
			急救的原则	掌握

操作解析

考核要点 1——84 消毒液、漂白粉溶液的配制程序及注意事项

重点掌握

◇幼儿园 84 消毒液、漂白粉溶液的配制程序及注意事项。

失分点

◇84 消毒液、漂白粉溶液的配制的注意事项。

【训练 1：填空题】

1. 漂白粉溶液使用期为________左右，要注意________，以防失效。

【答题思路】

漂白粉溶液使用期为 10 天左右，要注意避光避热，以防失效。

【解答】

答案：10 天　避光避热

2. ________或________不能用漂白粉进行消毒。

【答题思路】

有色织物或金属物品不能用漂白粉进行消毒。

【解答】

答案：有色织物　金属物品

3. 消毒剂要严格按照________要求配制使用。在配制漂白粉时注意不要________以致失效。

【答题思路】

消毒剂要严格按照说明书要求配制使用。在配制漂白粉时注意不要受潮以致失效。

【解答】

答案：说明书　受潮

4. 84 消毒液配制的正确程序的字母排序是________。

A. 根据消毒液配制计算公式和要配制的 84 消毒液的容量，计算所需要的加水量和药量

B. 准备好注射器、量杯和器皿

C. 根据需要的水量，用量杯将水加入盆或桶中

【答题思路】

84 消毒液配制的程序是：（1）根据消毒液配制计算公式和要配制的 84 消毒液的容量，计算所需要的加水量和药量；（2）准备好注射器、量杯和器皿；（3）根据需要的水量，用量杯将水加入盆或桶中。

【解答】

答案：A—B—C

5. 使用 84 消毒液消毒后的物品必须________，以免幼儿中毒。

【答题思路】

使用 84 消毒液消毒后的物品必须用清水冲洗，以免幼儿中毒。

【解答】

答案：用清水冲洗

【训练 2：问答题】

1. 分析下面的案例，计算消毒液的配制。

保育员何某提来一桶清水（约 10 千克），打开储物柜的锁，取出 8 勺漂白粉（约 80 克），调成糊状，倒进水中搅匀，然后放入幼儿毛巾进行浸泡。

（1）保育员的做法正确吗？为什么？

（2）谈谈如何配制消毒液。

【答题思路】

（1）容量标准：一只普通提水桶 10 千克。（2）计算：根据所需浓度，计算加水量和药量。（3）配制比例：0.5％的漂白粉溶液配制比例是，50 克漂白粉约 5 汤勺，加水一普通提水桶。

【解答】

参考答案：

（1）保育员的操作程序基本正确。但保育员做法的错误如下。

1）用于毛巾消毒的漂白粉溶液浓度应为 0.5％，而题目中保育员用 8 勺漂白粉（约 80 克）加入一普通提水桶（约 10 千克），配制比例为 1∶125（0.8％），浓度太高。

2）储物柜要上锁，防止幼儿拿到。

（2）消毒液的配制方法如下。

1）计算所需药量和加水量。

2）准备好配制工具。

3）按比例配制消毒液。按照配制比例，量取适量的水和漂白粉，先在漂白粉中加入少量水调成糊状，再加水搅均匀。

2. 幼儿园常用的消毒剂有哪些？谈谈你是如何配制和使用消毒液的。

【答题思路】

使用消毒剂的程序和步骤：计算所需药量和加水量→准备好配制工具→按比例配制消毒液→消毒液使用后的安全放置。

【解答】

参考答案：幼儿园常用的消毒药品大多是含氯的消毒剂，其中 84 消毒液、漂白粉使用较为广泛，保育员应该会根据说明书的配制浓度和配制计算公式，独自配制消毒液。

（1）漂白粉溶液的配制程序

1）容量标准。使用量杯或量桶时，按照刻度掌握容量。使用普通容器时，要对容量做出估计。例如，一只普通碗或一只普通玻璃杯：250 毫升（约装 250 克水）；一只普通脸盆：5 000 毫升（约装 5 千克水）；一只普通提水桶：10 000 毫升（约装 10 千克水）；一汤勺：约 10 克。

2）计算。根据所需浓度，计算加水量和药量。

3）配制比例。1%的漂白粉溶液配制：100 克漂白粉（约 10 汤勺）加水（一普通提水桶）。3%的漂白粉溶液配制：300 克漂白粉（约 30 汤勺）加水（一普通提水桶）。0.5%的漂白粉溶液配制：50 克漂白粉（约 5 汤勺）加水（一普通提水桶）。

（2）84 消毒液的配制程序

1）计算。根据使用说明，对餐具、毛巾、瓜果蔬菜等的消毒应使用浓度为 0.2%～0.5%的 84 消毒液，配制比例应为 1∶500～1∶200。根据消毒液配制计算公式和要配制的 84 消毒液的容量，计算所需的药量和加水量。

2）准备注射器、量杯和器皿。根据要配制消毒液的容量准备好盆或桶后，用注射器或量杯准确量出药液，放置在盆或桶中；然后根据需要的水量，用量杯将水加入盆或桶中。

总之，无论使用何种消毒剂，保育员在配制、使用、放置等方面，既要注意自身的安全，又要严格按照使用说明和规定要求进行操作。还应注意婴幼儿的安全，把消毒剂放在婴幼儿拿不到的地方。在配制消毒液的过程中，要避开婴幼儿，以免婴幼儿中毒。此外，消毒药品不同，其特点不同，配制方法不同，使用方法和注意事项也应有所不同。

考核要点2——消毒液的配制公式

重点掌握

◇消毒液的配制公式。

失分点

◇计算错误。

【训练：填空题】

1. 幼儿园常用的消毒药品大多是含________的消毒剂。1%的漂白粉溶液配制比例是________。

【答题思路】

幼儿园常用的消毒药品大多是含氯的消毒剂。1%的漂白粉溶液配制比例是1∶100。

【解答】

答案：氯　1∶100

2. 以药物商品剂型为百分之百基数的配制公式，所需药量=________，加水量=________。

【答题思路】

以药物商品剂型为百分之百基数的配制公式，所需药量=欲配制浓度×欲配制数量，加水量=欲配制数量－所需药量。

【解答】

答案：欲配制浓度×欲配制数量　欲配制数量－所需药量

3. 欲配制5%的来苏儿溶液75千克，所需要来苏儿原药量和加水量分别是________千克和________千克。

【答题思路】

欲配制5%的来苏儿溶液75千克，所需要来苏儿原药量和加水量分别是3.75千克和71.25千克。

【解答】

答案：3.75　71.25

考核要点3——幼儿园各种设备和卫生用具的消毒

重点掌握

◇幼儿园各种设备和卫生用具的消毒方法。

失分点

◇消毒方法及时间错误。

【训练：填空题】

1. 餐前清洁卫生工作主要是指________的清洁卫生工作，主要用________或者肥皂液进行清洁。

【答题思路】

餐前清洁卫生工作主要是指餐桌的清洁卫生工作，主要用洗涤剂液或者肥皂液进行清洁。

【解答】

答案：餐桌 洗涤剂液

2. 煮沸消毒的时间是________分钟，消毒剂消毒浸泡的时间是________分钟。

【答题思路】

煮沸消毒的时间是15～30分钟，消毒剂消毒浸泡的时间是10～15分钟。

【解答】

答案：15～30 10～15

3. 门拉手、饮水龙头、洗手龙头常用的消毒方法是________，常用的消毒剂是________。

【答题思路】

门拉手、饮水龙头、洗手龙头常用的消毒方法是消毒剂滞留擦拭，常用的消毒剂是过氧乙酸。

【解答】

答案：消毒剂滞留擦拭 过氧乙酸

4. 幼儿园最好选用________或者________的消毒剂。

【答题思路】

幼儿园最好选用液体状态或者溶于水的消毒剂。

中级

【解答】

答案：液体状态　溶于水

考核要点 4——日托幼儿园晨检方法及晨检后的其他工作

重点掌握

◇日托幼儿园晨检方法及晨检后的其他工作。

失分点

◇晨检过程中遗漏某项检查内容。

【训练 1：填空题】

1. 日托幼儿园中，保育员在进行晨检后，物品的保管包括对婴幼儿________、________、________、________的保管。

【答题思路】

日托幼儿园中，保育员在进行晨检后，物品的保管包括对婴幼儿外衣、玩具、食物、药物的保管。

【解答】

答案：外衣　玩具　食物　药物

2. 晨检中观察________的状况，可以作为诊断疾病的________。如颌下淋巴结肿大，则说明________、________或面部有病变。

【答题思路】

晨检中观察淋巴结的状况，可以作为诊断疾病的参考。如颌下淋巴结肿大，则说明口腔、鼻腔或面部有病变。

【解答】

答案：淋巴结　参考　口腔　鼻腔

3. 日托幼儿园晨检方法包括的内容有：一________、二________、三________、四________。

【答题思路】

日托幼儿园晨检方法包括的内容有：一摸、二看、三问、四查。

【解答】

答案：摸　看　问　查

【训练 2：问答题】

1. 观看案例演示片 3 遍，找出保育员在进行日托幼儿园晨检工作时，程序中出现的工作失误中的 2 个，并指出相应的正确做法。具体说明整托幼儿园晨检中的“一摸、二看、三问、四查”分别指什么。

场景：晨检时间，保育员站在教室门口接待来园的孩子。有两个孩子进了教室跟老师打了声招呼，保育员分别检查了两个孩子的额头及下颌，并询问孩子有没有不舒服，就让孩子们进入了教室。一个家长带着一个小男孩进了教室，互相打过招呼后，家长对保育员说：“星期天他去了表哥家，他表哥得了手足口病，不过他的身体还是挺好的。”保育员说：“是吗，让老师看看。”然后撩起孩子的衣服看了看前胸和后背，说：“真的没事，放下书包去玩吧！”紧接着，另一个家长带着他的女儿进了教室，并且拿了一瓶药对保育员说：“医生说她的身体不好，需要补充维生素，请您按时给她服药。”保育员接过药瓶，顺手放在桌子上，然后就去照看孩子们了。

【答题思路】

晨检的工作程序：一摸、二看、三问、四查→各项具体内容。

【解答】

参考答案：

工作失误 1：保育员没有按照日托幼儿园晨检的方法给婴幼儿进行晨检。

正确做法：一摸、二看、三问、四查。

工作失误 2：保育员没有对婴幼儿带来的药物做好登记，还随意把药物放在桌子上。

正确做法：保育员要对婴幼儿带来的药物做详细的登记，并将它们放在婴幼儿够不到的地方。

工作失误 3：保育员未详细了解婴幼儿有无与患者接触。

正确做法：应该向家长和婴幼儿了解患者发病时间并了解接触史。

工作失误 4：保育员检查部位不正确。

正确做法：除了晨检常规检查的部位之外，应该针对手足口病的特点认真检查口腔、双手掌、双脚有无出现红点。

整托幼儿园晨检的内容有：“一摸、二看、三问、四查”。

（1）一摸：指摸婴幼儿的前额，看体温是否正常，摸耳下是否肿大。

（2）二看：指用眼睛看婴幼儿前胸、后背及大腿内侧是否有疹子，观察婴幼儿呼吸的速度。

（3）三问：指主动询问婴幼儿是否有不舒服的地方。

（4）四查：指检查婴幼儿的床铺是否有流鼻血、尿床、遗粪等异常情况。

（5）发现异常情况，立即将病儿送往医务室。

2. 试述日托幼儿园的晨检工作程序。

【答题思路】

日托幼儿园晨检的方法→填写晨检记录表→晨检后每日物品的保管→晨检后指导婴幼儿用盐水漱口。

【解答】

参考答案：日托幼儿园晨检的规范工作程序要求如下。

（1）在对婴幼儿进行晨检之前，保育员应帮助婴幼儿脱外套、帽子并将之叠放整齐，放在固定的地方。

（2）日托幼儿园晨检时应做到：一摸、二看、三问、四查。

（3）晨检时保育员要对婴幼儿带来的药物做详细的登记，并将它们放在婴幼儿够不到的地方。

（4）晨检时协助检查婴幼儿的衣兜，将婴幼儿带来的小物件暂时保管起来。

（5）晨检时指导婴幼儿用盐水漱口。

3. 分析下例中保育员的做法，并答出正确做法。

9月1日，新学期开始了，孩子们陆陆续续地回园了。中班保育员李某和班主任一起接待孩子。小红回来了，小红的妈妈是李某的同学。李某迎上去，热情地打招呼："老同学，为什么同学会不见你呀！那天可好玩啦！还是有空再聊吧，把书包给我，快上班去吧，别迟到了。"

【答题思路】

入园健康检查→入园晨检→晨检内容。

【解答】

参考答案：

（1）保育员的做法错误

1）没有了解孩子假期健康情况。

2）没有检查孩子当时健康情况。

3）没有检查孩子带回园的物品。

（2）正确做法应按日托幼儿园晨检的程序进行。

1）一摸：指摸孩子的前额，看体温是否正常，摸耳下是否肿大。

2）二看：指用眼睛看孩子的前胸、后背及大腿内侧是否有疹子，观察孩子呼吸的速度。

3）三问：指主动询问孩子是否有不舒服的地方，向家长了解孩子在家中饮食、睡眠、大小便情况。

4）四查：指检查孩子书包、衣兜有无不安全物品，避免发生意外事故。

考核要点 5——身高体重的测量程序及注意事项

重点掌握

◇身高体重的测量程序及注意事项。

失分点

◇测量过程中遗漏某项内容。

【训练 1：填空题】

1. 测量体重程序的正确字母排序是________。

A. 矫正杠杆的零点　　B. 熟悉秤的用法

C. 轻身、空腹　　D. 测量记录体重

【答题思路】

测量体重的程序：熟悉秤的用法→矫正杠杆的零点→轻身、空腹→测量记录体重。

【解答】

答案：B—A—C—D

2. 用量床测量身长程序的正确字母排序是________。

A. 婴幼儿脱去鞋袜，仰卧于量床底板中线上，身体伸直，背部、臀部、腿部靠测量板，头部由保健医生（或教师、保育员）固定，两耳在一条水平线上，颅顶接触头板

B. 读量床上的刻度数，以 cm 为单位，精确到小数点后一位数

C. 准备量床，并熟悉量床的使用方法

D. 另一位测量者位于婴幼儿的右侧，左手握住其双膝，使下肢伸直并紧贴于量床底板，右手移动足板，使足板接触婴幼儿的足跟

【答题思路】

正确的量床测量身长的程序：（1）准备量床，并熟悉量床的使用方法；（2）婴幼

儿脱去鞋袜，仰卧于量床底板中线上，身体伸直，背部、臀部、腿部靠测量板，头部由保健医生（或教师、保育员）固定，两耳在一条水平线上，颅顶接触头板；(3) 另一位测量者位于婴幼儿的右侧，左手握住其双膝，使下肢伸直并紧贴在量床底板，右手移动量板，使量板接触婴幼儿的足跟；(4) 读量床上的刻度数，以 cm 为单位，精确到小数点后一位数。

【解答】

答案：C—A—D—B

3. 测量体重时，婴幼儿的站立位置应以________为宜。应尽量避免婴幼儿身体的________。

【答题思路】

测量体重时，婴幼儿的站立位置应以秤盘中间为宜。应尽量避免婴幼儿身体的晃动。

【解答】

答案：秤盘中间　晃动

4. 婴幼儿生长发育的状况，可以通过对________、________、________等________指标进行评定。

【答题思路】

婴幼儿生长发育的状况，可以通过对身高、体重、头围等形态指标进行评定。

【解答】

答案：身高　体重　头围　形态

5. 对婴幼儿进行定期身体检查，常用的测量方法有________测量法、________测量法、________测量法和________测量法等。

【答题思路】

对婴幼儿进行定期身体检查，常用的测量方法有体重测量法、身高测量法、头围测量法和胸围测量法等。

【解答】

答案：体重　身高　头围　胸围

6. 用身高测量仪测量身高程序的正确字母排序是________。

A. 测量者手持滑板使之向下滑动，直到底板与颅顶点相接触

B. 读滑板底面立柱上所示数字，以 cm 为单位，记录到小数点后一位

C. 准备身高测量仪，也可以将皮尺或木尺固定在墙上测量身高

D. 婴幼儿站立在测量仪底板或靠墙站立，头部保持正直，双眼直视正前方，

躯干自然挺直，两臂自然下垂，脚跟靠拢，足尖分开，脚跟、臀部和肩胛间三点靠在身高测量仪立柱上

【答题思路】

身高测量仪测量身高的程序：(1) 准备身高测量仪，也可以将皮尺或木尺固定在墙上测量身高；(2) 婴幼儿站立在身高测量仪底板或靠墙站立，头部保持正直，双眼直视正前方，躯干自然挺直，两臂自然下垂，脚跟靠拢，足尖分开，脚跟、臀部和肩胛间三点靠在身高测量仪立柱上；(3) 测量者手持滑板使之向下滑动，直到底板与颅顶点相接触；(4) 读滑板底面立柱上所示数字，以 cm 为单位，记录到小数点后一位。

【解答】

答案：C—D—A—B

【训练 2：问答题】

1. 测量体重时要注意哪些问题？

【答题思路】

测量体重时的注意事项：环境要求→测量工具性能要求→对保育员和保健医生的要求→测量速度的要求→对婴幼儿的要求→站立位置的要求→室温的要求。

【解答】

参考答案：

(1) 环境要求是房间宽敞、明亮，恒温，地面平坦，避免对流风。

(2) 测量工具性能良好、清洁。

(3) 保育员和保健医生的手应保持温暖。

(4) 测量迅速，避免婴幼儿受凉。

(5) 测量时应尽量避免婴幼儿身体的晃动。

(6) 站立的位置以秤盘中间为宜。

(7) 室温过低，可不脱外衣，但应扣除衣服的质量。

2. 分析下面的案例，并答出为幼儿测量身高、体重的正确方法。

元旦过后，保育员小王领着几个孩子到保健室补做体检。她自告奋勇地对医生说：“我来做，你记录，看我做得对不对？小明快脱鞋，站到这里，抬起头，眼睛看着头上我的手。行了，身高 112 厘米，体重 24 千克。”

【答题思路】

指出保育员做法的错误之处，答出正确的做法。

【解答】

参考答案：

(1) 保育员的错误如下。

1) 不应要求孩子抬头、仰视。

2) 没有扣除衣服的质量。

(2) 正确做法如下。

1) 环境要求是房间宽敞、明亮，恒温，地面平坦，避免对流风。

2) 室温过低，可不脱外衣，但应扣除衣服的质量。

3) 背靠体重测量仪，站立在秤盘中间。

4) 脚跟靠拢，足尖分开，脚跟、臀部和肩胛间三点靠在体重测量仪立柱上。

5) 双眼直视正前方，躯干自然挺立，两臂下垂，测量时应尽量避免婴幼儿身体的晃动。

【训练 3：实际操作题】测量幼儿胸围

1. 考核要求

考生能测量幼儿的胸围，按照正确的方法和顺序进行工作，掌握测量幼儿胸围的基本步骤和工作要点。

2. 准备工作

保育员穿好工作服，准备好测量用的布卷尺。

3. 考核时限

完成该考题操作基本时间为 10 分钟，每超过 1 分钟从本题总分中扣除 5%，操作时间超过 30 分钟本题为 0 分。

【答题思路】

测量胸围步骤：准备工作→测量取位→注意事项→取立位测量要求→读数→清理现场。

【操作步骤】

步骤 1　准备工作

穿好衣服，准备测量胸围用的布卷尺。

步骤 2　测量取位

3 岁以下取卧位，3 岁以上取立位，均不取坐位。

步骤 3　注意事项

要在幼儿呼吸处于平静状态下测量胸围。

步骤 4　取立位测量要求

取立位时，受测者自然站立，两足分开与肩同宽，双肩放松，两上肢自然下垂，测量者面对幼儿，将布卷尺上缘经背部肩胛骨下角下缘至胸前，布卷尺下缘经过乳头上缘。

步骤 5　读数

读数精确到 0.1 厘米。

步骤 6　清理现场

将用具放到规定的地方待用。

【评分项目及标准】

测量幼儿胸围评分项目及标准

评分项目	评分要点	配分	评分标准
准备工作	检查用具	1	着装整齐。1 分 奇装异服扣 0.5 分
		1	检查用具。1 分 未检查扣 0.5 分
测量取位	3 岁以下取卧位，3 岁以上取立位，均不取坐位	1	3 岁以下未取卧位扣 0.5 分
		1	3 岁以上未取立位扣 0.5 分
注意事项	要在幼儿呼吸处于平静状态下测量胸围	1	在幼儿呼吸平稳状态下测量。1 分 未在幼儿呼吸处于平静状态下测量胸围扣 0.5 分
取立位测量要求	取立位时，受测者自然站立，两足分开与肩同宽，双肩放松，两上肢自然下垂	1	立位测量时，受测者自然站立，两足分开与肩同宽。1 分 否则扣 0.5 分
		1	双肩放松，两上肢自然下垂。1 分 否则扣 0.5 分
	测量者面对幼儿，将布卷尺上缘经背部肩胛骨下角下缘至胸前，布卷尺下缘经过乳头上缘	1	测量者面对幼儿。1 分 否则扣 0.5 分或不得分
		1	将布卷尺上缘经背部肩胛骨下角下缘至胸前。1 分 否则扣 0.5 分
		1	带尺下缘经过乳头上缘。1 分 否则扣 0.5 分

续表

评分项目	评分要点	配分	评分标准
读数	读数精确到 0.1 厘米	1	读数精确到 0.1 厘米。1 分 读数错误扣 1 分
清理现场	将用具放到规定的地方待用	1	用具放到规定的地方。1 分 放置不当扣 1 分
合计		12	

考核要点 6——整托幼儿园晨检的工作程序

重点掌握

◇晨检的工作程序。

失分点

◇晨检过程中遗漏某项内容。

【训练 1：填空题】

在整托幼儿园的晨检中，“二看”是看________、________的颜色，看前胸、后背及________是否有疹子，观察婴幼儿________的速度。

【答题思路】

在整托幼儿园的晨检中，“二看”是看面容、眼睛巩膜的颜色，看前胸、后背及大腿内侧是否有疹子，观察婴幼儿呼吸的速度。

【解答】

答案：面容　眼睛巩膜　大腿内侧　呼吸

【训练 2：问答题】

试述整托幼儿园的晨检有哪些内容。

【答题思路】与【解答】

参考答案：整托幼儿园晨检的内容有：一摸，二看，三问，四查。

（1）一摸：指摸婴幼儿的前额，看体温是否正常，摸耳下是否肿大。

（2）二看：指看面容、眼睛巩膜的颜色，看前胸、后背及大腿内侧是否有疹子，观察婴幼儿呼吸的速度。

(3) 三问：指主动询问婴幼儿是否有不舒服的地方。

(4) 四查：指检查婴幼儿的床铺是否有流鼻血、尿床、遗粪等异常情况。

(5) 发现异常情况，立即将病儿送往医务室。

考核要点 7——餐前对值日生清洁卫生工作的指导及注意事项

重点掌握

◇餐前对值日生清洁卫生工作的指导及注意事项。

失分点

◇操作过程中易出现的失误。

【训练 1：填空题】

1. 擦拭餐桌工作程序的正确字母排序是________。

A. 擦半张桌子翻一个面　　B. 用“几”字形擦拭法

C. 将抹布对折成长方形　　D. 擦一张桌子清洗一次抹布

【答题思路】

擦拭餐桌的工作程序是：将抹布对折成长方形→用“几”字形擦拭法→擦半张桌子翻一个面→擦一张桌子清洗一次抹布。

【解答】

答案：C—B—A—D

2. 保育员对中、大班幼儿值日生餐前的指导工作包括________的指导和________的指导。

【答题思路】

保育员对中、大班幼儿值日生餐前的指导工作包括餐前清洁卫生工作的指导和分发餐具的指导。

【解答】

答案：餐前清洁卫生工作　分发餐具

3. 保育员指导值日生擦拭桌子时，第一遍用________擦拭，第二遍用________擦拭。

【答题思路】

保育员指导值日生擦拭桌子时，第一遍用洗涤剂擦拭，第二遍用清水擦拭。

【解答】

答案：洗涤剂　清水

【训练 2：实际操作题】餐桌的清洁消毒

1. 考核要求

考生能熟悉餐桌消毒的工作要求，按照正确的方法和顺序进行清洁，掌握餐桌清洁的基本步骤和工作要点。

2. 准备工作

保育员穿好工作服，干净抹布 2 块、脸盆、消毒剂、清洁剂等。

3. 考核时限

完成该考题操作基本时间为 10 分钟，每超过 1 分钟从本题总分中扣除 5%，操作时间超过 30 分钟本题为 0 分。

【答题思路】

餐桌清洁消毒步骤：操作前准备→消毒液的配制→擦拭桌面→收拾整理。

【操作步骤】

步骤 1　操作前准备

穿好工作服，戴手套准备药品和工具。

步骤 2　消毒液的配制

按照消毒液使用说明书要求的比例配制消毒液。先加清水，后加消毒液，搅匀。

步骤 3　擦拭桌面

用清水抹布将桌面完整地擦拭一遍，清理油污。用抹布蘸消毒液擦拭桌面。用清水抹布将消毒液残留液擦拭干净。

步骤 4　收拾整理

收拾整理药品、用具。把用具及未用完的药品放到指定地点。

【评分项目及标准】

餐桌的清洁消毒评分项目及标准

评分项目	评分要点	配分	评分标准及扣分
1. 消毒液配制前的准备	穿好工作服，戴手套	1	隔离衣衣扣全部扣好，头发全部塞进帽子里。1分 衣扣未扣好，头发露在外面各扣 0.5 分

续表

评分项目	评分要点	配分	评分标准及扣分
1. 消毒液配制前的准备	准备药品和工具	1	准备两盆两巾（一盆清水、一盆消毒液）。1分 药品和工具未按要求准备好酌情扣0.5～1分
2. 消毒液的配制	先加清水，后加消毒液	1	按照消毒液使用说明书要求的比例配制消毒液。先加清水，后加消毒液。1分
3. 擦拭桌面	第一次清水擦拭	1	用清水抹布将桌面完整擦拭一遍。1分 擦拭但擦拭不完整扣0.5分，未用清水擦拭不得分
	用洗涤剂擦拭	1	清理油污。1分
	消毒液滞留擦拭	1	用抹布蘸消毒液擦拭桌面。1分 未使用消毒液扣0.5～1分
	第二次清水擦拭	1	用清水抹布将消毒液残留液擦拭干净。1分 桌面有残留消毒液者扣0.5分，未用清水擦拭不得分
4. 收拾整理	收拾整理药品、用具	1	把用具及未用完的药品放到指定地点。1分 未收拾整理扣0.5分
合计		8	

考核要点8——餐前对值日生分发餐具的指导

重点掌握

◇餐前对值日生分发餐具的指导内容。

失分点

◇操作过程中易出现的失误。

【训练：填空题】

分发餐具工作程序的正确字母排序是________。

A. 分发勺子或筷子　　　　B. 拿一摞或半摞碗或盘

C. 把手洗干净　　　　D. 分发一人一碗一盘

【答题思路】

分发餐具工作的程序是：把手洗干净→拿一摞或半摞碗或盘→分发一人一碗一盘→分发勺子或筷子。

【解答】

答案：C—B—D—A

考核要点9——促进婴幼儿食欲的工作程序及注意事项

重点掌握

◇促进婴幼儿食欲的工作程序及注意事项。

失分点

◇遗漏工作程序中的某项内容。

【训练1：填空题】

1. 幼儿进餐环境准备包括________，________，轻松悦耳的音乐等。

【答题思路】

幼儿进餐环境准备包括整洁、明亮的教室或餐厅，摆放整齐的餐具，轻松悦耳的音乐等。

【解答】

答案：整洁、明亮的教室或餐厅　摆放整齐的餐具

2. 保育员可以从________、________各种感觉途径提高幼儿的食欲。

【答题思路】

保育员可以从环境的创设、语言的提示各种感觉途径提高幼儿的食欲。

【解答】

答案：环境的创设　语言的提示

3. 正确地促进婴幼儿食欲的工作程序是________、________、________、________。

【答题思路】

正确地促进婴幼儿食欲的工作程序是做好进餐准备、提高进餐兴趣、鼓励婴幼儿进餐、语言引导。

【解答】

答案：做好进餐准备　提高进餐兴趣　鼓励婴幼儿进餐　语言引导

4. 婴幼儿的________、________、________和________都会影响其食欲。

【答题思路】

婴幼儿的进餐环境、进餐情绪、身体状况和食物种类都会影响其食欲。

【解答】

答案：进餐环境　进餐情绪　身体状况　食物种类

【训练 2：问答题】

观看案例演示片 3 遍，答出保育员在组织婴幼儿进餐时，出现的工作失误中的 2 个，并答出相应的正确做法。提高婴幼儿食欲有哪些方法？

时间：午餐前

地点：餐室

场景：午餐之前，保育员拿起抹布和值日生一起擦拭桌子，保育员擦拭第一遍，值日生擦拭第二遍，擦完桌子清洗抹布。之后，保育员把餐具交给值日生分发，值日生在这张桌子上分发几个碗和盘，又在那张桌子上分发几把勺子，保育员则忙着分发饭菜，将饭菜分装在碗和盘中。餐室内轻声播放着音乐。幼儿入座进餐，保育员站在一旁观看幼儿进食。有一个小朋友打翻了饭碗，饭菜撒了一地，保育员只是急急忙忙地拿来笤帚、簸箕将饭菜打扫干净。一个体形较胖的小男孩第一个添饭，他回到座位后边吃边悄悄地把萝卜挑出来扔到盘子里，保育员过来大声地批评他，要求他把萝卜和其他肉菜一起吃掉。大部分幼儿进食完毕，坐在最后排的一个瘦弱的小朋友情绪低落，不动手进食，保育员前去询问，拿起勺子喂他吃了几口，将剩下的饭菜倒掉了，然后忙着进行餐后整理工作。

【答题思路】

正确指导餐前卫生→正确指导值日生分发餐具→照顾体弱儿进餐→正确引导肥胖儿进餐→正确处理进餐中出现的问题。

【解答】

参考答案：

工作失误 1：有一个小朋友打翻了饭碗，饭菜撒了一地，保育员急急忙忙地打扫干净，没有进行随机教育。

正确做法：保育员应了解事情的原因，以不影响婴幼儿的食欲为前提，帮助婴幼儿掌握正确使用餐具的方法，培养良好的进餐习惯。

工作失误2：对挑食的小朋友只是大声批评，没有耐心教育。

正确做法：保育员应根据婴幼儿的进餐心理特点，提高婴幼儿的进餐兴趣，培养良好的进餐习惯。

工作失误3：保育员对瘦弱儿不进食只是询问一下，不够细致，还把吃剩的饭菜倒掉，这是错误的。

正确做法：对营养不良的瘦弱儿要进行细致观察，发现进餐特点，如速度、进餐量、对食物的喜好等，督促幼儿专心进餐，以增加进食量。

工作失误4：保育员对值日生擦拭桌子的方法没有具体指导，值日生擦拭桌子的方法错误。

正确做法：应把抹布对折成长方形进行擦拭，擦半张桌子翻一个面，可采用“几”字形擦拭法，擦一张桌子清洗一次抹布，不能一擦到底。

工作失误5：保育员没有具体指导值日生按要求正确分发餐具。

正确做法：应指导值日生按座位次序发放，保证一人一碗一盘，碗的位置应对着椅子中间离桌边一拳远的距离，盘子应放在碗的前面。分发筷子应捏着筷子尾端，放在盘子上，摆放整齐。

工作失误6：保育员对肥胖儿过快添饭没有引导提示。

正确做法：对肥胖儿应适当限制进食量，要教会他吃蔬菜，尽量少添主食，还要提醒其细嚼慢咽，控制进食速度。

提高婴幼儿食欲的方法如下。

（1）使婴幼儿饮食多样化，注意食物的色香味形，以吸引婴幼儿进食。

（2）创设良好的进餐物质环境。

（3）保持婴幼儿愉快、平静的进餐情绪。

（4）尽量早地教会婴幼儿自己动手吃饭，这样可以提高婴幼儿的进餐兴趣。科学而适当的体育锻炼，可保持婴幼儿健康，也可以使其保持良好的食欲。

考核要点10——指导大班幼儿自取食物的工作程序

重点掌握

◇指导大班幼儿自取食物的准备工作。

失分点

◇工作程序中的准备不充分。

【训练：填空题】

保育员要做好大班幼儿自取食物的准备工作，包括________、________、________，要求幼儿端菜时________，回到自己座位后轻轻地将碗放在自己桌子上。

【答题思路】

保育员要做好大班幼儿自取食物的准备工作，包括食物的准备、餐具的准备、食物的放置，要求幼儿端菜时两手将碗端平，既要看碗，又要看路躲开障碍物，回到自己座位后轻轻地将碗放在自己桌子上。

【解答】

答案：食物的准备　餐具的准备　食物的放置　两手将碗端平，既要看碗，又要看路躲开障碍物

考核要点 11——指导婴幼儿使用勺子和筷子的方法及注意事项

重点掌握

◇指导婴幼儿使用勺子和筷子的方法及注意事项。

失分点

◇指导过程中方法错误。

【训练：填空题】

1. 保育员应不限制幼儿使用左右手拿勺子，而应以________为标准，对初学使用勺子的幼儿也不要过分强调________。

【答题思路】

保育员应不限制幼儿使用左右手拿勺子，而应以其习惯的优势手为标准，对初学使用勺子的幼儿也不要过分强调抓握姿势。

【解答】

答案：其习惯的优势手　抓握姿势

2. 指导婴幼儿使用筷子工作程序的正确字母排序是________。

A. 指导学习拿筷子的方法　　B. 准备短筷子及易夹食物

C. 辨认筷子的头、尾　　D. 正确放置筷子

【答题思路】

指导婴幼儿使用筷子的工作程序是：准备短筷子及易夹食物→辨认筷子的头、尾→

正确放置筷子→指导学习拿筷子的方法。

【解答】

答案：B—C—D—A

3. 幼儿正确的拿勺姿势是________分开握住________，手心朝上。

【答题思路】

幼儿正确的拿勺姿势是拇指与其他四指分开握住勺柄的两侧，手心朝上。

【解答】

答案：拇指与其他四指　勺柄的两侧

考核要点 12——指导婴幼儿洗手、洗脸的工作程序

重点掌握

◇洗手、洗脸的准备及工作程序。

失分点

◇洗手、洗脸过程中出现某个部位漏洗。

【训练 1：填空题】

1. 婴幼儿________、________、________、________都应洗手。

【答题思路】

婴幼儿外出归来、吃东西前后、喝水前后、手脏了都应洗手。

【解答】

答案：外出归来　吃东西前后　喝水前后　手脏了

2. 婴幼儿洗手步骤的正确字母排序是________。

A. 搓两手手背、手腕、指尖

B. 搓手心，搓出泡沫

C. 手指交叉洗手指缝

【答题思路】

婴幼儿洗手步骤的顺序：搓手心，搓出泡沫→搓两手手背、手腕、指尖→手指交叉洗手指缝。

【解答】

答案：B—A—C

3. 婴幼儿擦拭嘴巴时应先擦嘴角，然后擦________，最后用毛巾擦拭________

一圈。

【答题思路】

婴幼儿擦拭嘴巴时应先擦嘴角，然后擦嘴唇，最后用毛巾擦拭口周一圈。

【解答】

答案：嘴唇　口周

【训练 2：问答题】

1. 观看案例演示片 3 遍，答出保育员在幼儿洗手、洗脸工作中出现的工作失误中的 2 个，并答出相应的正确做法。洗脸的正确步骤由哪几步组成？

地点：盥洗室

场景：盥洗室内清洁通风，水池下水道无头发、污物，地面上有一两摊水，每隔几个水龙头有一块肥皂，保育员带领一群孩子进入盥洗室洗手、洗脸。

由于孩子人数太多，保育员要求孩子们按水龙头数一个跟一个地排好队轮流洗手，孩子洗手时先湿手然后随意搓了搓肥皂就冲洗，洗完后用力甩手，把水甩到后面的孩子身上，保育员在一旁只是提醒孩子动作迅速一些，小心滑倒。

有的孩子从摆放整齐的毛巾架下取下自己的毛巾，来到水龙头前面。孩子用干毛巾擦了擦鼻子后就开始洗脸，先擦了擦前额、眼睛，之后擦了擦鼻子、嘴巴，然后就关上水龙头将毛巾挂回原处。

【答题思路】

洗手、洗脸的准备工作→进行有效指导监督→洗脸的顺序。

【解答】

参考答案：

工作失误 1：没有保持地面干爽。

正确做法：应该保持盥洗室地面清洁干爽，防止婴幼儿滑倒，将水池前的地面铺上渗水地垫。

工作失误 2：肥皂、洗手液的数量不够。

正确做法：应准备足够的肥皂或洗手液，数量与水龙头的数量相同或隔一个水龙头放一个。

工作失误 3：婴幼儿洗手、洗脸敷衍了事，保育员没有进行有效指导。

正确做法：保育员应该督促、指导婴幼儿认真洗手，不玩水、不敷衍，婴幼儿洗完手后保育员要检查是否洗干净，并提醒婴幼儿用自己专用的毛巾擦手。

工作失误 4：保育员没有提醒婴幼儿洗脸前先用卫生纸擤鼻涕。

正确做法：保育员应该将卫生纸放在婴幼儿容易拿到的地方，以便婴幼儿洗脸前可以用来擤鼻涕。

工作失误 5：保育员没有指导婴幼儿用正确的方法洗脸。

正确做法：保育员应提醒婴幼儿用正确的顺序洗脸，先用毛巾擦里、外眼角，然后擦前额、脸颊、鼻孔下方、口周、下巴、脖子及耳朵。其间应清洗毛巾 2 次，以保证毛巾的清洁。

洗脸的正确步骤如下。

（1）保育员提醒婴幼儿擤鼻涕。

（2）将毛巾浸湿拧干。

（3）洗脸的顺序是：先用毛巾擦里、外眼角，然后擦前额、脸颊、鼻孔下方、口周、下巴、脖子及耳朵。

（4）其间应清洗毛巾 2 次，以保证毛巾的清洁。

（5）冬季洗脸后应搽油，以保护婴幼儿的皮肤。

2. 谈谈如何指导婴幼儿洗脸。

【答题思路】

洗脸的准备→洗脸的步骤→洗脸的注意事项。

【解答】

参考答案：

（1）洗脸的准备。毛巾、肥皂的准备数量与水龙头相同，此外，保育员还应将卫生纸放在婴幼儿容易拿到的地方，以便婴幼儿擤鼻涕。

（2）洗脸的步骤如下。

1）保育员提醒婴幼儿擤鼻涕。

2）将毛巾浸湿拧干。

3）洗脸的顺序是：先用毛巾擦里、外眼角，然后擦前额、脸颊、鼻孔下方、口周、下巴、脖子及耳朵。

（3）洗脸的注意事项如下。

1）前额、眼角、鼻孔、口周、下巴等处，是婴幼儿洗脸时经常被遗忘的地方，保育员应及时提醒婴幼儿，避免漏洗。

2）其间应清洗毛巾 2 次，以保证毛巾的清洁。

3）冬季洗脸后应搽油，以保护婴幼儿的皮肤。

4）要使用流动水给婴幼儿洗脸。

5）擦洗眼睛时，保育员应提醒婴幼儿闭上双眼，保育员的动作要轻柔。

婴幼儿认为自己的脸是一个平面，没有厚度，所以每次洗脸只洗正面，而遗漏脸颊、下巴。也有的婴幼儿洗脸时经常忘记洗耳朵，或只洗一侧耳朵。因此应采用画圈洗脸的方法，可以避免漏洗的问题。保育员要善于观察，及时发现、及时提醒，逐渐使婴幼儿学会洗脸。

3. 分析下面的案例。

入托第二周，保育员小王想：孩子们的情绪基本安定了，该学学自己洗脸了。于是取来了毛巾和大塑料娃娃，说："瞧！谁来了？（出示娃娃）我们都很想跟它做好朋友，可它的脸脏了，我们先帮它洗干净好吗?"于是边讲解边示范：拧干水，擦眼睛、鼻子、嘴巴，再擦额头、脸、下巴，最后擦脖子、耳朵。最后，小王说："好，娃娃讲卫生了，我们一起玩吧!"

分析上述案例中保育员的做法，并阐明原因。

【答题思路】

洗脸的准备→洗脸的步骤→按步骤操作。

【解答】

参考答案：

(1) 保育员正确的做法：用游戏方式引导幼儿学习洗脸，直观形象，幼儿易接受，方法好。

(2) 示范动作顺序错误：拧干水，擦眼睛、鼻子、嘴巴，再擦额头、脸、下巴，最后擦脖子、耳朵。

(3) 正确顺序应为：拧干毛巾，擦眼睛，擦额头、脸，再擦鼻子、嘴巴，最后擦下巴、脖子、耳朵。

考核要点 13——指导婴幼儿洗屁股、洗脚的工作程序

重点掌握

◇准备及步骤。

失分点

◇洗脚时易遗漏的部位。

◇洗屁股的方法。

【训练 1：填空题】

1. 指导婴幼儿洗屁股程序的正确字母排序是________。

A. 从前往后擦屁股

B. 从前往后擦屁股，把毛巾清洗干净

C. 用毛巾从前往后擦屁股，把毛巾对折

【答题思路】

指导婴幼儿洗屁股的程序是：从前往后擦屁股→用毛巾从前往后擦屁股，把毛巾对折→从前往后擦屁股，把毛巾清洗干净。

【解答】

答案：A—C—B

2. 幼儿洗脚时着重要洗的部位是________，擦脚时要注意将________擦干。

【答题思路】

幼儿洗脚时着重要洗的部位是脚趾缝、脚掌和脚面，擦脚时要注意将脚趾缝擦干。

【解答】

答案：脚趾缝、脚掌和脚面　脚趾缝

【训练 2：问答题】

结合你的实际工作，谈谈如何为婴幼儿洗脚。

【答题思路】

洗脚的准备工作→洗脚的方法→擦脚。

【解答】

参考答案：

（1）准备清洁的洗脚盆和擦脚毛巾，温度合适的水，肥皂，小椅子。

（2）要求婴幼儿在椅子上坐稳，将脚浸入水中；然后依次用肥皂洗左右脚，把肥皂抹在脚上，用手抹匀，搓出泡沫，着重洗脚趾缝、脚掌和脚面；将脚上的肥皂洗去。

（3）在洗脚过程中，应先将洗完的一只脚暂时放在盆子里，再去洗另一只脚。

（4）最后用干净的毛巾擦脚，方法是将毛巾摊开放在手上，抓握对侧脚，把毛巾完全覆盖在脚上擦拭，注意将脚趾缝擦干，最后穿上拖鞋。

考核要点 14——预防婴幼儿睡眠中遗尿的工作程序

重点掌握

◇预防婴幼儿睡眠中遗尿的方法。

失分点

◇工作过程中出现的不当言行。

【训练：问答题】

简述预防婴幼儿睡眠中遗尿的工作程序。

【答题思路】

观察与记录幼儿睡眠情况→正确处理婴幼儿遗尿的方法→正确处理婴幼儿遗尿的工作程序。

【解答】

参考答案：各年龄班的婴幼儿都存在着不同程度的尿床现象。保育员应该注意观察，发现规律，及时提醒婴幼儿睡眠中排尿，防止婴幼儿遗尿。

（1）观察与记录

1）记录尿床婴幼儿的名单。初次接触一个班，保育员应在婴幼儿起床后检查他们的床铺，了解他们是否遗尿，记录尿床婴幼儿的名单。

2）推测和记录尿床的时间。保育员可以采用“渐进推测法”判断婴幼儿尿床的具体时间。午睡推断尿床时间的操作方法如下：根据婴幼儿在喝饮料后的 20～40 分钟左右排尿的规律，保育员在婴幼儿上床后 40 分钟检查有尿床历史的婴幼儿是否已经尿床。将手伸进婴幼儿的被子，摸身体下面是否有尿湿的情况。将已经尿床的婴幼儿记录下来，并记录检查的时间，对还没有尿床的婴幼儿每隔一段时间检查一次，以便确定婴幼儿尿床的具体时间。根据累计多日的睡眠排尿观察记录，确定唤醒婴幼儿的时间。

3）记录当天中午和晚餐的膳食情况。着重记录婴幼儿中午和晚上的喝汤量及饮水量。另外，在晨检时向家长了解婴幼儿夜间的睡眠情况、前一天晚上家庭及婴幼儿的情况，以及婴幼儿入幼儿园的心情。

（2）准备干净的衣物和被褥。提醒家长为尿床的婴幼儿准备备用的衣物和被褥。保育员在婴幼儿入睡后将衣物等摆放在婴幼儿床的附近，以便及时更换。

（3）及时提醒和唤醒婴幼儿排尿。根据观察记录，及时唤醒有尿床习惯的婴幼儿排尿，防止婴幼儿尿床。每晚上床前提醒婴幼儿排尿，入睡前再次提醒婴幼儿；之后，每隔 2～3 小时唤醒婴幼儿排尿。中午唤醒排尿的时间可在婴幼儿入睡后 40 分钟左右进行。

（4）发现尿床及时更换衣被。保育员发现婴幼儿尿床后应及时唤醒婴幼儿更换衣被。保育员唤醒婴幼儿的态度要温和、平静、声音轻柔，给婴幼儿更换衣被的动作应该迅速、熟练，为婴幼儿安排好舒适、温暖、干爽的卧具，安慰婴幼儿迅速入睡。

（5）做好与家长配合的工作。发现婴幼儿尿床后应与家长联系，了解婴幼儿在家中的活动量、睡眠、饮食量等情况，共同分析造成婴幼儿尿床的原因。要求家长准备更换的衣物，与家长配合共同矫正婴幼儿尿床的习惯。

考核要点 15——婴幼儿睡眠中遗尿的预防和纠正

重点掌握

◇婴幼儿睡眠中遗尿的预防和纠正。

失分点

◇工作过程中出现的不当言行。

【训练 1：填空题】

预防和纠正婴幼儿睡眠中遗尿的方法有：________、________、________、________、________。

【答题思路】

预防和纠正婴幼儿睡眠中遗尿的方法有：唤醒排尿、避免过度疲劳、控制饮水量、消除导致婴幼儿精神紧张不安的因素、进行行为治疗和药物治疗。

【解答】

参考答案：唤醒排尿　避免过度疲劳　控制饮水量　消除导致婴幼儿精神紧张不安的因素　进行行为治疗和药物治疗

【训练 2：问答题】

分析下面案例中保育员的做法，并谈谈如何预防婴幼儿遗尿。

一个冬日的中午，大部分孩子已经入睡了。保育员小李正在用自来水洗毛巾，想到午餐时孩子喝了汤，该提早叫尿了，于是就拍了拍勇勇小朋友，见他没醒，就拿来便盆，扶起他，帮他脱了裤子，手把着勇勇的小鸡鸡，嘴里说着：“嘘嘘嘘。”等勇勇尿完后，帮他提上裤子，让他继续睡了。

【答题思路】

遗尿的原因→预防婴幼儿遗尿的方法→唤醒排尿。

【解答】

参考答案：

(1) 保育员做法的不正确之处：1) 保育员的手冰凉。2) 让婴幼儿在无意识下排尿。

(2) 保育员在叫尿时必须唤醒婴幼儿，这是因为：1) 排尿是受意识控制的条件反射。2) 婴幼儿在觉醒状态下，才能对排尿进行有意识的控制。3) 睡眠过程中的无意识排尿也属于尿床。

考核要点16——保育员参加婴幼儿的部分游戏和教学活动的注意事项及工作程序

重点掌握

◇组织婴幼儿部分游戏和教学活动的程序和主要内容。

失分点

◇参与婴幼儿部分游戏和教学活动的时机、方法和手段。

【训练1：填空题】

1. 在活动的过程中，保育员应善于根据婴幼儿的不同________和教师的不同________，采取灵活机动的方式，发现问题及时向教师________、________，保证活动能够顺利地进行。

【答题思路】

在活动的过程中，保育员应善于根据婴幼儿的不同情况和教师的不同要求，采取灵活机动的方式，发现问题及时向教师汇报、请示，保证活动能够顺利地进行。

【解答】

答案：情况 要求 汇报 请示

2. 保育员在平时的工作中，应该有意识地了解婴幼儿各种活动的________和________，明确其在婴幼儿发展中的作用，掌握主要的________和________，从而使自己能够娴熟地协助教师开展各种教学活动，完成教学任务。

中级

【答题思路】

保育员在平时的工作中，应该有意识地了解婴幼儿各种活动的意义和教育目的，明确其在婴幼儿发展中的作用，掌握主要的活动内容和指导要点，从而使自己能够娴熟地协助教师开展各种教学活动，完成教学任务。

【解答】

答案：意义　教育目的　活动内容　指导要点

3. 保育员要树立正确的________意识，把参与教育婴幼儿活动看成是自己必须做好的工作；高度重视在参与婴幼儿活动的过程中，对婴幼儿的________教育，促进婴幼儿的发展。

【答题思路】

保育员要树立正确的角色意识，把参与教育婴幼儿活动看成是自己必须做好的工作；高度重视在参与婴幼儿活动的过程中，对婴幼儿的随机教育，促进婴幼儿的发展。

【解答】

答案：角色　随机

4. 保育员要注意与家长和教师的沟通，对教育问题________，对婴幼儿提出________的教育要求。

【答题思路】

保育员要注意与家长和教师的沟通，对教育问题达成共识，对婴幼儿提出一致的教育要求。

【解答】

答案：达成共识　一致

5. 在参与婴幼儿具体的某项活动前，保育员与本班教师应进行充分的________，了解本次活动的________，掌握婴幼儿通过活动在发展方面应该达到的________，以及在指导过程中应该注意的________，使自己在参与婴幼儿教育活动过程中的教育行为能够做到正确、及时、有效。

【答题思路】

在参与婴幼儿具体的某项活动前，保育员与本班教师应进行充分的沟通，了解本次活动的具体教学目标，掌握婴幼儿通过活动在发展方面应该达到的水平，以及在指导过程中应该注意的问题，使自己在参与婴幼儿教育活动过程中的教育行为能够做到正确、及时、有效。

【解答】

答案：沟通　具体教学目标　水平　问题

6. 在参与婴幼儿的部分游戏和教学活动中，保育员应了解本班婴幼儿的________、________、________等________情况，做好前期的教学准备。

【答题思路】

在参与婴幼儿的部分游戏和教学活动中，保育员应了解本班婴幼儿的特点、水平、需要等实际情况，做好前期的教学准备。

【解答】

答案：特点　水平　需要　实际

7. 保育员在参与婴幼儿活动时，不要急于________婴幼儿的活动，要善于________婴幼儿的活动情况，把握好介入婴幼儿活动的时机，做出________、________的指导。

【答题思路】

保育员在参与婴幼儿活动时，不要急于干涉婴幼儿的活动，要善于观察婴幼儿的活动情况，把握好介入婴幼儿活动的时机，做出适时、适当的指导。

【解答】

答案：干涉　观察　适时　适当

8. 保育员在开学初要了解本学期本班主要教育活动目标和物质需要，了解本园和本班现有玩具和教具的________、________和________，初步拟订玩具和教具的________。

【答题思路】

保育员在开学初要了解本学期本班主要教育活动目标和物质需要，了解本园和本班现有玩具和教具的种类、数量和质量，初步拟订玩具和教具的制作计划。

【解答】

答案：种类　数量　质量　制作计划

【训练 2：问答题】

观看案例演示片 3 遍，答出保育员在配合、参与、指导婴幼儿室内游戏活动中出现的工作失误中的 2 个，并答出相应的正确做法。保育员指导个别婴幼儿参与活动有哪些注意事项？

时间：室内游戏中

地点：活动室

场景：活动室内，小朋友们在玩游戏。有个小朋友自己拿着布娃娃在玩，保育员走过来看了看，指责小朋友："看你把娃娃都抱反了，哪有你这样玩的？把娃娃脸盖住了，闷死了。打娃娃，怎么当爸爸的？"并且对他说："不想玩就放下！"然后就走开了。另外几个小朋友在搭积木，保育员坐到搭积木的小朋友旁边，要求他坐起来玩，摆得好看一点，然后让小朋友注意看着自己，说："看老师来帮你搭，搭好看一点。"同时，保育员让小朋友按照她的要求去找积木。有两个小朋友在追跑着抢夺变形金刚玩具，保育员走过来问怎么回事，并且劝其中一个小朋友把玩具让给另一个小朋友玩，这个小朋友很生气地说："不玩就不玩。"然后就走开了。

【答题思路】

认真观看案例演示片→找出片中的错误→答出正确做法→答出指导个别婴幼儿参与活动的注意事项。

【解答】

参考答案：

工作失误 1：保育员观察到婴幼儿在"娃娃家"游戏中的错误行为，但并没有给予正确、及时、有效的教育指导。

正确做法：保育员应在参与婴幼儿具体的某项活动前，应与本班教师进行充分的沟通，了解本次活动的具体教学目标，掌握婴幼儿通过活动在发展方面应该达到的水平，以及在指导婴幼儿活动过程中应该注意的问题。本案例中，保育员可以以长辈的身份进入游戏，通过轻手轻脚地抱"孩子"，轻言轻语地与"孩子"说话等行为，为婴幼儿做出良好的榜样，帮助婴幼儿理解所扮演角色的责任和行为。

工作失误 2：保育员在对搭积木的婴幼儿进行指导和帮助时，时机没有掌握好，客观上干扰了婴幼儿的活动。

正确做法：在不干扰婴幼儿活动的情况下，允许他们有机会自己去尝试，让他们在重复的搭建过程中锻炼搭积木的技能，并感受到玩积木的快乐。

工作失误 3：保育员不恰当地处理了婴幼儿争执事件，在婴幼儿发生争吵的时候充当了"裁判员"的角色。这种做法容易使婴幼儿养成过分依赖的毛病，稍有小事就找保育员解决。

正确做法：保育员应该对孩子说："老师相信你们能够想到一个好办法来解决这个问题，你们想想应该怎么处理比较好呢？"给孩子留下依靠自己的能力解决问题的机会，从而锻炼幼儿自己解决问题的能力。

保育员指导个别婴幼儿参与此次活动的注意事项：（1）尊重和信任婴幼儿；（2）掌握与婴幼儿交往的正确方法；（3）注意用体态语言与婴幼儿交流。

考核要点17——总结保育工作的程序及保育工作总结的相关知识、注意事项

重点掌握

◇保育工作总结的写作格式和方法。

失分点

◇保育工作总结包含的内容不全面。

【训练：填空题】

1. 保育工作总结的内容应包含：题目；所在工作班级的基本情况，与本班级有关的其他工作人员的基本情况；在某阶段自己负责的________，以及所取得的主要成绩和________；分析________，提出对工作的________。

【答题思路】

保育工作总结的内容应包含：题目；所在工作班级的基本情况，与本班级有关的其他工作人员的基本情况；在某阶段自己负责的主要工作，以及所取得的主要成绩和尚存在的问题；分析原因，提出对工作的改进意见和建议。

【解答】

答案：主要工作　尚存在的问题　原因　改进意见和建议

2. 保育员工作总结既要全面，又要有所侧重，即应在全面总结________工作、配班工作、个别儿童工作、________工作的基础上，能总结出自己在本岗位所取得的________或________。

【答题思路】

保育员工作总结既要全面，又要有所侧重，即应在全面总结日常保育工作、配班工作、个别儿童工作、贯彻保教并重工作的基础上，能总结出自己在本岗位所取得的主要经验或突出业绩。

【解答】

答案：日常保育　贯彻保教并重　主要经验　突出业绩

3. 保育工作总结写作格式顺序的正确字母排序是________。

A. 分析原因，提出对工作的改进意见和建议

B. 所在工作班级的基本情况，与本班级有关的其他工作人员的基本情况

C. 题目

D. 在某阶段自己负责的主要工作，以及所取得的主要成绩和尚存在的问题

【答题思路】

保育工作总结写作格式的顺序：题目；所在工作班级的基本情况，与本班级有关的其他工作人员的基本情况；在某阶段自己负责的主要工作，以及所取得的主要成绩和尚存在的问题；分析原因，提出对工作的改进意见和建议。

【解答】

答案：C—B—D—A

4. 保育员平时应做好保育________和________，为写好保育工作总结积累材料。

【答题思路】

保育员平时应做好保育工作计划和工作记录，为写好保育工作总结积累材料。

【解答】

答案：工作计划　工作记录

考核要点18——制作玩教具的工作程序及注意事项

重点掌握

◇制作玩教具的工作程序和一般方法。

失分点

◇玩教具制作过程中应注意的问题。

【训练1：填空题】

1. 玩具和教具必须符合安全卫生要求：制作玩具和教具的材料表面应该光滑，没有________，以防刺伤婴幼儿；玩具和教具所用的材料必须________、________；在玩具和教具表面使用涂料应该不溶于水，与________不起化学反应。

【答题思路】

玩具和教具必须符合安全卫生要求：制作玩具和教具的材料表面应该光滑，没有锐利边角，以防刺伤婴幼儿；玩具和教具所用的材料必须无毒、结实；在玩具和教具表面使用的涂料应该不溶于水，与消毒液不起化学反应。

【解答】

答案：锐利边角　无毒　结实　消毒液

2. 保育员和教师应该善于在与婴幼儿共同制作玩具和教具的过程中，发展婴幼儿的________和________能力，培养婴幼儿利用身边丰富的资源和创造生活的

________和________，为其发展打下基础。

【答题思路】

保育员和教师应该善于在与婴幼儿共同制作玩具和教具的过程中，发展婴幼儿的体能和动手操作能力，培养婴幼儿利用身边丰富的资源和创造生活的意识和能力，为其发展打下基础。

【解答】

答案：体能　动手操作　意识　能力

3. 保育员应该认识到，制作玩具和教具的意义不只是完成教育活动和游戏活动的________，而应该充分认识到其在________中的作用。

【答题思路】

保育员应该认识到，制作玩具和教具的意义不只是完成教育活动和游戏活动的物质准备，而应该充分认识到其在教育中的作用。

【解答】

答案：物质准备　教育

4. 制作玩具和教具工作程序的正确字母排序是________。

A. 收集和选择合适的材料

B. 注意保养玩具和教具

C. 确定需要制作的玩具和教具的种类和数量

D. 与教师和学前儿童共同制作玩具和教具

【答题思路】

制作玩具和教具工作程序的正确顺序：确定需要制作的玩具和教具的种类和数量→收集和选择合适的材料→与教师和学前儿童共同制作玩具和教具→注意保养玩具和教具。

【解答】

答案：C—A—D—B

5. 保育员平时应做好玩具和教具的________、________工作，确保其使用的安全性；还应做好玩具和教具的日常________和________工作，以保证玩具和教具常处于完好状态。

【答题思路】

保育员平时应做好玩具和教具的清洗、消毒工作，确保其使用的安全性；还应做好玩具和教具的日常保养和修补工作，以保证玩具和教具常处于完好状态。

【解答】

答案：清洗 消毒 保养 修补

【训练 2：问答题】

如何收集和选择合适的材料制作玩具和教具？制作玩具和教具应注意哪几个问题？

【答题思路】

收集所需要的材料→有目的地购置所需的材料→选择合适的材料→应注意的问题。

【解答】

参考答案：

（1）收集和选择合适的材料

1）根据教育的要求，注意收集制作玩具和教具所需要的材料。

2）了解并根据教育的需要，有目的地购置材料。

3）发动婴幼儿和家长共同收集材料。

4）选择合适的材料，制作玩具和教具。

（2）注意事项

1）玩具和教具必须符合安全卫生的要求。

2）玩具和教具的大小、轻重应适合学前儿童的使用。

3）对玩具和教具应经常进行消毒。

4）对玩具和教具应做好保养、维修工作。

考核要点 19——指导个别婴幼儿参与活动的工作程序及注意事项

重点掌握

◇指导个别婴幼儿参与活动的方法和工作程序。

失分点

◇不能针对不同婴幼儿的需要指导他们参与活动。

【训练 1：填空题】

1. 保育员要想能够对个别婴幼儿的行为进行有针对性的指导和帮助，就要认真观察婴幼儿的________，掌握与婴幼儿交往的________，从而对婴幼儿进行有效和正确的指导。

【答题思路】

保育员要想能够对个别婴幼儿的行为进行有针对性的指导和帮助，就要认真观察婴幼儿的行为表现，掌握与婴幼儿交往的方式方法，从而对婴幼儿进行有效和正确的指导。

【解答】

答案：行为表现　方式方法

2. 在平时的活动中，保育员要注意观察婴幼儿的行为表现，发现问题及时与________、________进行沟通，了解婴幼儿行为产生的原因及帮教办法，使教育形成________，共同对婴幼儿采取________的教育。

【答题思路】

在平时的活动中，保育员要注意观察婴幼儿的行为表现，发现问题及时与教师、家长进行沟通，了解婴幼儿行为产生的原因及帮教办法，使教育形成合力，共同对婴幼儿采取有针对性的教育。

【解答】

答案：教师　家长　合力　有针对性

3. 保育员在帮助和指导个别婴幼儿参加活动的过程中，要始终把________和________放在第一位。

【答题思路】

保育员在帮助和指导个别婴幼儿参加活动的过程中，要始终把尊重和信任放在第一位。

【解答】

答案：尊重　信任

【训练 2：问答题】

1. 观看案例演示片 3 遍，答出保育员在配合数学教育活动中出现的工作失误中的 2 个，并答出相应的正确做法。在配合室内教育活动的准备中，保育员如何与教师共同做好教育活动前的精神准备工作？

场景：教师上课后先向小朋友问好，然后拿出几朵花问小朋友教师一共有几朵花，用数字几表示。小朋友齐答一共有 4 朵，用数字 4 表示。教师将 4 朵花分开放在 2 个盘子里，教小朋友说分法。一个小朋友玩别的小朋友裤腿上的带子，另一个小朋友手里拿着超人玩具，保育员将这两个小朋友从座位上拉起来带到墙角，大声批评他们并让他们罚站。教师让小朋友们搬着小椅子回到原座位，动手练习 4 的拆分方法。小朋友们都积极练习，有的受到教师的表扬。其中一个小朋友由于没有分解号，沮丧地坐在座位上生气不动手。保育员过来询问小朋友为什么不做，别的小朋友替她回答说没有分解号。保育员一边生气地指责小朋友有问题不早说，一边去给小朋友拿分解号。

【答题思路】

做好前期教学工作→明确活动目标、内容和指导要求→具体活动中的指导→活动后的收拾整理工作。

【解答】

参考答案：

工作失误 1：保育员把不认真听课的幼儿拉出活动室进行批评。

正确做法：区别幼儿的真实情况，有针对性地给他们以帮助和指导，如轻轻地走到他旁边，用手势或用眼神示意等。

工作失误 2：保育员没有了解幼儿行为背后的原因。

正确做法：指导个别幼儿参加活动的过程中，保育员应始终把尊重和信任放在第一位，应该认真了解幼儿行为的原因，正确了解保育员行为的原因，正确分析和认识幼儿在教学活动中出现的问题，从而正确解决问题，取得良好的教育效果。

工作失误 3：保育员活动前没有认真做好教学操作教具的准备工作。

正确做法：保育员应该在教学活动前清点、检查、配齐每一份教学操作教具，保证教学活动能够顺利进行。

教育活动前的精神准备工作如下。

（1）根据教育目的协助教师启发幼儿对将要开展的活动进行思考。

（2）协助教师稳定幼儿的情绪。

（3）照顾个别幼儿和体弱儿。

（4）与教师共同创设一个和谐、宽松的活动气氛。

2. 观看案例演示片 3 遍，答出保育员在配合科学教育活动中出现的工作失误中的 2 个，并答出相应的正确做法。科学教育活动前应做好哪些准备工作？

时间：科学教育活动课

地点：教室

场景：科学教育课堂上，教师在讲课。教师的讲桌上放着一个玻璃缸，缸里有半缸水，教师分别把木块、塑料块、塑料球放入玻璃缸中，启发小朋友说出这些物质漂浮在水面上。接着又问小朋友们什么物质会沉入水底，小朋友们回答是“铁”。教师紧接着就找铁块要演示给小朋友们看，可是没找到，就问保育员铁块在哪里，保育员只是回答没看见，没有帮教师去找，并且要教师去材料区找找看。教师只好停上讲课，自己去找铁块。找到后，教师继续讲课，把铁块放入玻璃缸中演示给小朋友们看，小朋友们看到了铁块沉入缸底。接着教师要求小朋友们分组做实验，大多数小朋友积极参与实验，有一个小朋友却趴在桌子上不动手，也不看。保育员对这个小朋友没有做任何表示，而是看其他小朋友做实验，并且不时提醒、指责小朋友们：“小心点，不要搞得满桌子的水。你看你弄得满手满桌子都是水。”

【答题思路】

做好前期教学工作→明确活动目标、内容和指导要求→具体活动中的指导→活动后的收拾整理工作。

【解答】

参考答案：

工作失误 1：保育员在活动前没有根据活动需要准备好活动材料。

正确做法：保育员应在课前了解教育活动的要求，协助教师布置活动场地，做好教具、材料物品等准备工作。

工作失误 2：保育员没有及时帮助教师去找铁块，导致教育活动中断。

正确做法：保育员应认真观察教师的行为和及时了解教育状态，及时与教师沟通，共同搞好教育活动。

工作失误 3：保育员没有引导帮助不积极参与活动的幼儿进行操作活动。

正确做法：保育员应及时了解个别幼儿活动的需求，并鼓励幼儿积极地参与教育活动。

工作失误 4：保育员对幼儿根本没有出现的行为进行了不必要的提醒和指责。

正确做法：保育员应该在对幼儿的行为进行观察、了解、分析、判断后才对其不当行为进行引导教育。

科学教育活动前应做的准备工作如下。

（1）了解教学活动的目标要求。

（2）根据活动的要求，与教师共同设计和布置活动的场地，摆放好集中演示观察的桌椅和分组实验的桌椅，做好教具材料的准备。

（3）根据活动的需要和教师的要求，把集中演示和分组实验要用的容器、浮沉材料、水摆放到指定的位置上。

（4）与教师共同做好科学教育活动前的精神准备。

3. 观看案例演示片3遍，答出保育员在配合语言教育活动中出现的工作失误中的2个，并答出相应的正确做法。室内教育活动前包括哪些准备工作？

时间：上课前

地点：教室

场景：要上课了，教室里还有几个小朋友互相追逐，跑来跑去。教师则在准备上课用的东西。活动即将开始，保育员在看教师的教案，了解本次活动的内容，还有一个小朋友在乱跑，一不小心，撞到保育员身上，保育员大声训斥他说："你怎么回事啊，在教室里乱跑什么，没看到小朋友都做好准备上课了？去给我坐到凳子上去，没有叫你起来不许动啊。"开始上课了，教师要求小朋友们把凳子往前靠，去上课。只有三个小朋友没有动，保育员来叫他们去上课，有两个小朋友在保育员的劝说下去上课了，另外一个小朋友说他饿，想吃东西。保育员劝说无效，直接把他硬拉到课堂上，随后开始上课。

【答题思路】

活动前的准备工作→设计、布置场地→做好室内活动教育前的精神准备。

【解答】

参考答案：

工作失误1：活动即将开始，保育员才看教师的教案，了解活动的内容。

正确做法：每周一开始，了解本周的周教育目标以及每日教育活动的目标，根据目标要求，做好前期的准备。

工作失误2：保育员没有协助教师做好语言教育活动前的教具和材料的准备。

正确做法：提前了解教育活动的要求，协助教师布置活动场地，做好教具、材料、物品、图片等准备工作。

工作失误3：保育员没有协助教师做好教育活动前幼儿的精神准备，用不当的方式责骂幼儿。

正确做法：应该根据教育目标协助教师稳定幼儿的情绪，创设一个和谐、宽松的活动氛围，对幼儿不当的行为应给予恰当的教育引导。

工作失误4：保育员没有协助教育、帮助幼儿摆放桌椅，对幼儿错误搬椅子的方式没有予以纠正。

正确做法：应该提醒幼儿用正确的方法摆放桌椅，对个别能力较弱、精神状态较差的幼儿应及时给予帮助。

室内教育活动前的准备工作程序如下。

(1) 每周一开始，了解本周的周教育目标及每日教育活动的目标，根据目标要求，做好前期的准备。

（2）根据每个教育活动的不同要求，与教师和幼儿共同设计和布置活动场地。

（3）根据活动的需要和教师的要求，把教具和物质材料等摆放到指定的位置。

（4）与教师共同做好室内教育活动前的精神准备。

4. 观看案例演示片 3 遍，答出保育员在配合美术教育活动中出现的工作失误中的 3 个，并答出相应的正确做法。美术活动后应如何处理幼儿的作品？

场景：小朋友在上美术课，教师巡视，保育员从外面走进来。一个小朋友从颜料盘中抓起一些糨糊在手上擦。并在画上、桌子上擦。有的小朋友趴在桌子上画画，有的小朋友大把攥着笔画画，有的把画放在腿上面，有的站着画画。保育员拿毛巾过来每张桌子发一块。看到一个小朋友的画，问："画的是什么？"小朋友说是兔子。保育员说："我怎么看都不像兔子，我帮你画一只兔子。"画完后，保育员就走开了。教师宣布画画结束，带小朋友去厕所洗手。小朋友随手将东西放在桌子上走出教室，保育员走在后面。最后一个小朋友跟在保育员的后面走出去。桌上毛巾、颜料、小朋友的画杂乱地摆放着，有的颜料放在椅子上，地上也有画画的垃圾、颜料、倒下的椅子。

【答题思路】

做好前期教学工作→明确活动目标、内容和指导要求→具体活动中的指导→活动后的收拾整理工作。

【解答】

参考答案：

工作失误 1：保育员没有协助教师做好美术教育活动前的教具和材料的准备，活动开始后才发放擦手的毛巾。

正确做法：应该在活动前就将纸、笔、糨糊、擦手布等材料准备好。

工作失误 2：保育员没有对幼儿不正确的坐姿和握笔姿势做个别提醒辅导。

正确做法：应该在活动中提醒幼儿保持正确的姿势，如果提醒后幼儿仍不改正，保育员应做个别辅导，甚至示范。

工作失误 3：保育员以"像不像"来评价幼儿的美术活动，还代替幼儿画画，这样打击和压抑了幼儿的积极性，不符合艺术教育的原则要求。

正确做法：应该注意鼓励幼儿绘画的积极性、主动性，对幼儿可以进行一些示范性的帮助，但不能替代。

工作失误 4：保育员没有指导幼儿对活动的场地，活动中使用的工具、材料等进行初步的收拾和整理。

正确做法：应在教师发出活动结束的指令后，与幼儿和教师一起收拾和整理活动中使用的工具和材料。

工作失误5：保育员让幼儿把手工作品随意放在课桌上，没有归类、整理。

正确做法：应及时把幼儿在活动中的作品，特别是有保留价值的作品进行归类、整理，标上日期、姓名，收到档案盒中。

工作失误6：教师与幼儿离开活动室后，保育员没有做好活动场地的清洁卫生工作。

正确做法：应在教育活动结束后，认真仔细地做好活动场地的进一步清洁卫生工作。

美术活动后幼儿作品的处理：美术活动后，应将幼儿的作品进行归类、整理，标上日期，收到档案盒中，以便日后查阅。

5. 观看案例演示片3遍，答出保育员在配合音乐教育活动中出现的工作失误中的3个，并答出相应的正确做法。保育工作记录有哪些注意事项？

场景：随着音乐声，教师将小朋友带进教室。保育员正在开窗户，问教师应准备什么乐器。然后按教师的教案去给小朋友拿，发给前排的小朋友。第二排一个小朋友在和另一个小朋友玩，没有认真听讲。一个小朋友说自己的铃鼓坏了，保育员将铃鼓放回原处，换了一个铃鼓。音乐活动结束，教师让小朋友将乐器放好，并将小朋友带出教室，有的小朋友抱着乐器坐在座位上，保育员也随着小朋友一起向教室外走，当后面还有四五个小朋友时保育员已经走到了门口。

【答题思路】

做好前期教学工作→明确活动目标、内容和指导要求→具体活动中的指导→活动后的收拾整理工作。

【解答】

参考答案：

工作失误1：幼儿来到音乐教室才打开窗户通风。

正确做法：应提前开窗通风透气一段时间，以保证室内空气清新。

工作失误2：没有在活动前了解活动计划，按教育活动要求摆放好器材（乐器）。

正确做法：应该每周一开始了解周教育活动目标，提前做好材料准备。

工作失误3：没有在活动前检查材料，因为乐器不能使用影响了正常教学。

正确做法：应在活动前做好设备材料的检查工作。

工作失误4：将出现问题的乐器重新放回乐器架上。

正确做法：应将坏了的乐器放置在专门回收破损乐器的修理架上，并做好登记。

工作失误5：没有及时准确地做好保育工作记录。

正确做法：应根据活动的实际情况客观、及时、准确、详细地填写。

工作失误 6：活动结束后没有对材料做进一步的整理还原。

正确做法：应将使用过的乐器清点、检查，并放回原来的位置。

保育工作记录的注意事项：记录要及时准确，应客观、真实地反映儿童活动的本来面目。

考核要点 20——室外教育活动中给婴幼儿增减衣服的工作程序、注意事项及相关知识

重点掌握

◇根据天气和活动量的变化，为幼儿增减衣服的工作程序和方式方法。

失分点

◇对室外教育活动中给婴幼儿增减衣服的相关知识不明确。

【训练 1：填空题】

1. ________法主要是测量婴幼儿的心率，一般情况下婴幼儿的心率在________次/分钟时，表明其活动量比较合适。

【答题思路】

测量法主要是测量婴幼儿的心率，一般情况下婴幼儿的心率在 130～160 次/分钟时，表明其活动量比较合适。

【解答】

答案：测量　130～160

2. 在户外活动时，若活动量过大，超过婴幼儿身体的负荷会________；活动量过小，则达不到________的目的。

【答题思路】

在户外活动时，若活动量过大，超过婴幼儿身体的负荷会损害婴幼儿的身体健康；活动量过小，则达不到锻炼孩子身体的目的。

【解答】

答案：损害婴幼儿的身体健康　锻炼孩子身体

3. 保育员应根据________和________为婴幼儿增减衣服。

【答题思路】

保育员应根据天气和活动量为婴幼儿增减衣服。

【解答】

答案：天气 活动量

4. 什么样的活动量对婴幼儿是合适的，保育员可以用________法和________法来考察。

【答题思路】

什么样的活动量对婴幼儿是合适的，保育员可以用观察法和测量法来考察。

【解答】

答案：观察 测量

5. 保育员要养成________的习惯，及时了解天气变化的情况，为照顾好婴幼儿的生活做好准备。婴幼儿在自由活动时的活动量是有差异的，保育员要注意观察婴幼儿的活动，及时了解每个孩子的________，及时为孩子增减衣服。

【答题思路】

保育员要养成收听天气预报的习惯，及时了解天气变化的情况，为照顾好婴幼儿的生活做好准备。婴幼儿在自由活动时的活动量是有差异的，保育员要注意观察婴幼儿的活动，及时了解每个孩子的实际活动量，及时为孩子增减衣服。

【解答】

答案：收听天气预报 实际活动量

6. 观察法是在活动中观察婴幼儿的________、________、表情、________状况和________等特征，了解其活动量的大小。

【答题思路】

观察法是在活动中观察婴幼儿的脸色、呼吸、表情、出汗状况和动作的协调性等特征，了解其活动量的大小。

【解答】

答案：脸色 呼吸 出汗 动作的协调性

【训练 2：问答题】

观看案例演示片 3 遍，答出保育员在配合室外体育活动中出现的工作失误中的 3 个，并答出相应的正确做法。配合室外教育活动时，保育员给婴幼儿增减衣服有哪些注意事项？

场景：体育活动开始，幼儿在室外进行平衡和跑步的游戏活动，平衡木下面没有放置海绵垫子，幼儿从平衡木上快步走过后，地上飞起一片纸片，活动中平衡木有点不平稳。

在做平衡游戏的时候，保育员在旁边观看，没有对幼儿进行保护，有一个个子较小的幼儿小心翼翼地走到平衡木的尽头时不敢往下跳，左顾右盼，面有难色，保育员仍坐在旁边说："没关系的，大胆往下跳。"于是这个幼儿跳下了平衡木，继续往前跑。

幼儿活动持续进行，有的幼儿的衣服松散，有的没有扣纽扣，有的鞋没系好，在跑步的游戏过程中就松开了。

活动将近结束时，有些幼儿满头大汗，满脸通红，有的幼儿撩起衣服就擦汗，有的幼儿分别用两只胳膊擦脸上的汗。

教师宣布游戏活动结束后，让部分幼儿把活动器材放回原来的地方，几个幼儿跑过去搬平衡木，保育员没看着，也没说怎么搬。搬平衡木时，有个幼儿险些被绊倒。平衡木搬走了，还落下一个底座。

【答题思路】

活动前的准备工作→检查婴幼儿的衣服和鞋袜→为婴幼儿每人准备一条擦汗巾→及时了解婴幼儿的需要→做好收拾整理工作→注意事项。

【解答】

参考答案：

工作失误 1：保育员在游戏活动前没有将活动场地清理干净，也没有准备好护垫。

正确做法：应在活动前了解清楚活动所需要的场地、设备和材料的基本要求，并进行初步的检查准备工作。

工作失误 2：保育员没有帮助婴幼儿检查衣服和鞋袜，也没有提醒、帮助婴幼儿减脱衣服、擦汗。

正确做法：保育员应帮助婴幼儿检查衣服和鞋袜，并及时根据婴幼儿的活动情况提醒、帮助幼儿减脱衣服、擦汗。

工作失误 3：保育员没有为婴幼儿每人准备一条擦汗巾。

正确做法：为婴幼儿每人准备一条擦汗巾，而且擦汗巾要专人专用。

工作失误 4：保育员在活动中没有及时了解婴幼儿的需要和求助，适时地给予保护照料、帮助指导。

正确做法：保育员应在活动中注意观察婴幼儿的反应，及时了解他们的需要和求助，适时地给予帮助和指导。

工作失误5：活动结束后，保育员没有帮助婴幼儿整理衣物和协助婴幼儿收拾、整理活动器材。

正确做法：保育员应帮助婴幼儿整理好衣物，并协助、指导幼儿收拾、整理好活动器材。

配合室外教育活动时，保育员给婴幼儿增减衣服的注意事项如下。

在婴幼儿室外活动前，保育员要根据气温和活动内容为婴幼儿准备室外活动的服装。在活动中，保育员要注意观察体弱儿和肥胖儿的情况，根据婴幼儿的活动情况为其增减衣服。

考核要点21——室外教育活动中照顾体弱儿的工作程序及注意事项

重点掌握

◇照顾好体弱儿的工作程序和正确方法。

失分点

◇照顾体弱儿应注意的问题不明确。

【训练1：填空题】

1. 体弱儿是指________的婴幼儿，________的变化、________的调整、________的改变、生活环境变化等因素，都能使体弱儿不舒服甚至患病。

【答题思路】

体弱儿是指身体比较柔弱的婴幼儿，天气的变化、饮食的调整、作息时间的改变、生活环境变化等因素，都能使体弱儿不舒服甚至患病。

【解答】

答案：身体比较柔弱　天气　饮食　作息时间

2. 保育员可通过________和________了解体弱儿的日常生活方式，找出造成他们体质弱的原因。保育员在照顾体弱儿时，一定要先________再________，根据孩子不同的情况给予不同的照顾。

【答题思路】

保育员可通过家访和细心观察了解体弱儿的日常生活方式，找出造成他们体质弱的原因。保育员在照顾体弱儿时，一定要先了解情况再对症下药，根据孩子不同的情况给予不同的照顾。

【解答】

答案：家访　细心观察　了解情况　对症下药

【训练 2：问答题】

观看案例演示片 3 遍，答出保育员在配合室外游戏活动中出现的工作失误中的 3 个，并答出相应的正确做法。保育员照顾体弱儿有哪些注意事项？

地点：游戏活动区

时间：游戏活动

场景：保育员带小朋友到户外活动后，小朋友各自散乱地跑向游戏活动区域，在组合滑梯上各玩各的。其中有两个小朋友在滑梯上互相挤着由下向上爬。一个小朋友不敢在吊桩上往前走，保育员说："不敢走啊，那老师抱你下来不玩了。"小朋友们玩得满头大汗，其中有几个小朋友撩起衣服擦汗、扇风。一个小朋友坐在旁边，闷闷不乐地独自抠手中的小玩具玩，保育员则站在旁边不远处和别的老师聊天。

【答题思路】

提醒幼儿遵守活动规则→检查幼儿的衣服和鞋袜→及时了解幼儿的需要和求助→给体弱儿充分的鼓励和锻炼机会→照顾体弱儿的注意事项。

【解答】

参考答案：

工作失误 1：保育员在活动时没有及时提醒幼儿遵守活动规则。

正确做法：保育员在活动时应及时提醒幼儿遵守活动规则。

工作失误 2：保育员没有帮助幼儿检查衣服和鞋袜，没有检查幼儿衣服里是否有异物。

正确做法：保育员应帮助幼儿检查衣服和鞋袜，检查幼儿衣服里是否有异物。

工作失误 3：保育员没有为幼儿每人准备一条擦汗巾，没有根据幼儿的活动情况提醒、帮助幼儿减脱衣服、擦汗。

正确做法：保育员应为幼儿每人准备一条擦汗巾，要专人专用，应根据幼儿的活动情况提醒、帮助幼儿减脱衣服、擦汗。

工作失误 4：保育员在活动中没有及时了解幼儿的需要和求助，适时地给予保护照料、帮助指导。

正确做法：保育员在活动中应及时了解幼儿的需要和求助，适时地给予保护照料、帮助指导。

工作失误 5：保育员没有给体弱儿充分的鼓励和锻炼机会。

正确做法：保育员应给体弱儿充分的鼓励和锻炼机会。

保育员照顾体弱儿应遵循以下注意事项。

（1）对体弱儿的照顾和护理，应该格外地细致、精心。

（2）平时应加强体弱儿的身体锻炼，增强其抵抗力。

（3）注意与家庭教育的配合。

考核要点22——室外教育活动中照顾肥胖儿的工作程序及注意事项

重点掌握

◇照顾好肥胖儿的工作程序和正确方法。

失分点

◇照顾肥胖儿应注意的问题不明确。

【训练1：填空题】

1. 对肥胖儿的照料应该针对孩子肥胖的原因，________；对肥胖儿进行身体锻炼时应该注意________，不可贪多求快。

【答题思路】

对肥胖儿的照料应该针对孩子肥胖的原因，对症下药；对肥胖儿进行身体锻炼时应该注意循序渐进，不可贪多求快。

【解答】

答案：对症下药　循序渐进

2. 肥胖儿有两种，一种是单纯性肥胖，另一种是________。体重超过同年龄同身高标准的________即为肥胖。

【答题思路】

肥胖儿有两种，一种是单纯性肥胖，另一种是继发性肥胖。体重超过同年龄同身高标准的20％即为肥胖。

【解答】

答案：继发性肥胖　20％

【训练2：问答题】

结合工作实际，谈谈在照顾肥胖儿时，保育员应注意哪些问题。

【答题思路】

对症下药→循序渐进→控制饮食→长期坚持→注意家园配合。

【解答】

参考答案：

（1）对肥胖儿的照料应该针对孩子肥胖的原因，对症下药。

（2）对肥胖儿进行身体锻炼时应该注意循序渐进，不可贪多求快。肥胖与缺少运动有一定的关系，运动能加快能量消耗，对肥胖儿减轻体重十分有利。肥胖儿运动时常因肥胖而动作笨拙，心慌气短。因此，开始时活动量应少一些，以后逐渐增加。在活动中宜采用一些既促进能量消耗，又容易坚持的运动项目。可先从散步、踢球开始，逐步过渡到慢跑等活动。家长同孩子一起锻炼常能增加孩子的信心。

（3）控制饮食，帮助肥胖儿减肥不能太快，应在孩子能接受的情况下进行，并注意均衡营养，以免影响孩子的正常生长和发育。

（4）锻炼身体和控制饮食应循序渐进，长期坚持。

（5）注意家庭和幼儿园的配合。

考核要点 23——预防并处理幼儿走失的工作程序

重点掌握

◇根据幼儿的异常反应，发现危险的苗头，及时处理。

失分点

◇对潜在的事故缺乏预见性。

【训练 1：填空题】

幼儿园确立________的制度是防止幼儿走失的有效措施之一，幼儿园如果有来办事的外来人员应________，不得入内。

【答题思路】

幼儿园确立家长接送孩子要和保育员见面的制度是防止幼儿走失的有效措施之一，幼儿园如果有来办事的外来人员应在传达室等候，不得入内。

【解答】

答案：家长接送孩子要和保育员见面　在传达室等候

【训练 2：问答题】

谈谈如何预防、处理婴幼儿走失事故。

【答题思路】与【解答】

参考答案：保育员应针对容易走失婴幼儿的种种表现，事先做好预防工作。

（1）教婴幼儿会说自己的姓名，幼儿园的名称，父母的姓名、工作单位和家庭的住址，以及必要的电话号码。

（2）了解婴幼儿想些什么。

（3）加强对门卫的严格管理。幼儿园应选择做事仔细、有责任心的门卫，负责管理幼儿园的大门。幼儿园的大门应只在接送时间对外开放，其余时间一律关上，防止婴幼儿溜出幼儿园。明确家长接送孩子要与保育员见面的制度。非接送时间接婴幼儿的家长，应出示证件，进行登记。到幼儿园办事的外来人员，应先登记，在传达室等候，不得随便入内。

（4）一旦发现婴幼儿走失，一定要保持镇静，千万不要惊慌失措。分析婴幼儿走失的原因，确定寻找的方向，并立即寻找。如果在幼儿园里找不到，应马上报告，发动大家寻找。必要时要与家长和附近的派出所联系，尽快把婴幼儿找到。

（5）找到婴幼儿后要及时寻找原因，吸取教训，对婴幼儿进行正面教育，切忌训斥婴幼儿，防止婴幼儿受到家长和教师的训斥后感情更加疏远，导致婴幼儿不愿意上幼儿园。

考核要点 24——预防婴幼儿气管异物的工作程序

重点掌握

◇预防婴幼儿气管异物的工作程序。

失分点

◇不能正确处理婴幼儿气管异物。

【训练：填空题】

幼儿气管呛入异物会表现出________、________、脸色发紫等迹象。

【答题思路】

幼儿气管呛入异物会表现出不停的咳嗽、呼吸困难、脸色发紫等迹象。

【解答】

答案：不停的咳嗽　呼吸困难

考核要点 25——严格执行幼儿园的生活制度及健康检查制度

重点掌握

◇了解幼儿园卫生保健制度，熟悉其内容。

失分点

◇对健康检查的内容不明确。

【训练 1：填空题】

1. 幼儿园在制定生活制度时应考虑到不同性质的活动________，做到________。

【答题思路】

幼儿园在制定生活制度时应考虑到不同性质的活动轮换进行，做到劳逸结合、动静交替。

【解答】

答案：轮换进行　劳逸结合、动静交替

2. 幼儿园对婴幼儿进行健康检查的目的一是________；二是________。

【答题思路】

幼儿园对婴幼儿进行健康检查的目的一是了解每个婴幼儿的生长发育状况和健康状况；二是对婴幼儿的疾病做到早发现、早隔离、早治疗。

【解答】

答案：了解每个婴幼儿的生长发育状况和健康状况　对婴幼儿的疾病做到早发现、早隔离、早治疗

3. 幼儿园进行健康检查的对象应包括________和________，以及幼儿园中的全体工作人员。

【答题思路】

幼儿园进行健康检查的对象应包括新入园的婴幼儿和在园的婴幼儿，以及幼儿园中的全体工作人员。

【解答】

答案：新入园的婴幼儿　在园的婴幼儿

4. 幼儿园生活制度的制定应依据________和________。

【答题思路】

幼儿园生活制度的制定应依据幼儿年龄特点和不同年龄段婴幼儿的具体特点。

【解答】

答案：幼儿年龄特点　不同年龄段婴幼儿的具体特点

5. 婴幼儿每次健康检查后，医务保健人员应对幼儿个人和集体进行________和________。

【答题思路】

婴幼儿每次健康检查后，医务保健人员应对幼儿个人和集体进行健康分析和疾病统计。

【解答】

答案：健康分析　疾病统计

【训练 2：问答题】

分析下面的案例。

小二班的小朋友刘某随父母到澳大利亚探亲 32 天，正好赶上今天回来参加“六一儿童节”庆祝活动。保育员小李在幼儿园门口一见刘某，就热情地拉着他的手回班化妆，准备参加活动。

（1）分析上述案例，说明你的看法。

（2）如果你是保育员，你会如何处理这种问题？

【答题思路】

了解幼儿园的隔离制度→向幼儿家长了解婴幼儿有无接触传染病患者→对婴幼儿进行必要检查→进行相应的处理。

【解答】

参考答案：保育员小李的做法是不正确的。

因为小二班的小朋友刘某已经离开幼儿园 32 天了，即 1 个月以上，而且去了澳大利亚，应按照正确程序进行隔离观察方可回班。

正确处理方法：幼儿园隔离制度之一是婴幼儿离开幼儿园返回时的观察和检疫，要求婴幼儿如果离开幼儿园 1 个月以上或到外地，在返回幼儿园时，医务保健人员应向家长询问该婴幼儿有无传染病接触史，同时，对该婴幼儿进行必要的健康检查。对未接触传染病的婴幼儿要观察两周；对有传染病接触史的婴幼儿，应进行个人临时隔离，待检疫期满以后方可回班。

考核要点26——严格执行幼儿园的消毒制度、隔离制度及预防接种制度

重点掌握

◇幼儿园的消毒制度、隔离制度及预防接种制度的内容。

失分点

◇对各项制度不明确。

【训练：填空题】

1. 在预防接种中，保育员和医务人员应做好接种婴幼儿的登记检查工作，防止________和________的发生。

【答题思路】

在预防接种中，保育员和医务人员应做好接种婴幼儿的登记检查工作，防止漏种、错种和重复接种的发生。

【解答】

答案：漏种、错种　重复接种

2. 对幼儿园中患传染病的工作人员，除应立即对其实行________以外，还应做好________工作。

【答题思路】

对幼儿园中患传染病的工作人员，除应立即对其实行隔离以外，还应做好与其相接触人的检疫和疫源地的消毒工作。

【解答】

答案：隔离　与其相接触人的检疫和疫源地的消毒

3. 幼儿园建立并严格执行消毒制度，是________以及________的一项重要措施。

【答题思路】

幼儿园建立并严格执行消毒制度，是预防疾病的发生以及切断传染病的传播途径的一项重要措施。

【解答】

答案：预防疾病的发生　切断传染病的传播途径

考核要点 27——鼻腔、咽部及气管异物的处理

重点掌握

◇意外事故的处理方法。

失分点

◇不能正确处理异物。

【训练：填空题】

鼻腔异物处理程序的正确字母排序是________。

A. 用力擤鼻子　　B. 深吸气

C. 用手堵住无异物的一侧鼻子

【答题思路】

鼻腔异物处理的程序：深吸气→用手堵住无异物的一侧鼻子→用力擤鼻子。

【解答】

答案：B—C—A

考核要点 28——眼内异物和外耳道异物的处理

重点掌握

◇意外事故的处理方法。

失分点

◇不能正确处理异物。

【训练：填空题】

幼儿眼内异物处理程序的正确字母排序是________。

A. 保育员洗净双手　　B. 翻开幼儿眼皮

C. 让幼儿轻轻闭上眼睛　　D. 用棉签轻轻拭去异物

【答题思路】

幼儿眼内异物的处理程序：翻开幼儿眼皮→让幼儿轻轻闭上眼睛→保育员洗净双手→用棉签轻轻拭去异物。

【解答】

答案：B—C—A—D

考核要点29——蚊虫咬伤、冻伤的处理

重点掌握

◇意外事故的处理方法。

失分点

◇不能正确处理伤口。

【训练：填空题】

1. 幼儿被蚊虫咬伤后，可以将________、________、________涂于患处，幼儿被黄蜂蛰伤后，可将________涂于患处。

【答题思路】

幼儿被蚊虫咬伤后，可以将清凉油、绿药膏、酒精涂于患处，幼儿被黄蜂蛰伤后，可将食醋涂于患处。

【解答】

答案：清凉油　绿药膏　酒精　食醋

2. 幼儿被“洋辣子”刺伤时，应先用________，然后用________涂于患处。

【答题思路】

幼儿被“洋辣子”刺伤时，应先用橡皮膏将皮肤中的刺粘出来，然后用肥皂水涂于患处。

【解答】

答案：橡皮膏将皮肤中的刺粘出来　肥皂水

考核要点30——惊厥、中暑的处理

重点掌握

◇意外事故的处理方法。

失分点

◇不能正确处理意外情况。

【训练：问答题】

分析下面的案例。

盛夏，幼儿在操场上排练团体操，突然红红小朋友告诉老师，说自己不舒服、头昏、口渴，保育员王某意识到红红可能是中暑了，于是把红红扶到大树下的石凳上坐着，拿出驱风油搽在红红的太阳穴上，随后又让红红喝了一杯温开水。

（1）上述保育员的做法正确吗？

（2）谈谈保育员应如何处理幼儿中暑问题。

【答题思路】

炎热的夏季，幼儿户外活动时间应避开 10:30—14:30 的时间段，因为此时的阳光正处于最灼热的阶段。炎热季节幼儿可在树荫或屋檐下做游戏，避免阳光直接照射。天气炎热时保育员应提醒幼儿多喝水。

【解答】

参考答案：

（1）肯定保育员的正确做法：保育员判断幼儿中暑时，并将幼儿移至阴凉处的做法是正确的。答出保育员的错误：用驱风油搽太阳穴、喝温开水的做法不太妥当。

（2）正确处理

1）把中暑的幼儿移到阴凉处躺下，松开衣扣。

2）用凉毛巾敷患儿头部，用扇子扇风有助散热。

3）喝一些清凉饮料或吃点西瓜、人丹。

4）如症状未缓解，尽快送医。

考核要点 31——头部摔伤的处理

重点掌握

◇意外事故的处理方法。

失分点

◇不能正确处理摔伤。

【训练 1：填空题】

幼儿头部摔伤出血，保育员马上用________按压伤口止血，若摔伤后未见出血，成人要________，以防不测。

【答题思路】

幼儿头部摔伤出血，保育员马上用洁净纱布按压伤口止血，若摔伤后未见出血，成人要对其进行 24 小时观察，以防不测。

【解答】

答案：洁净纱布　对其进行 24 小时观察

【训练 2：问答题】

分析下面的案例。

小二班的小朋友刘某下楼梯时不小心滑倒了，啼哭。保育员林某看了看，见刘某枕部微肿无出血，就轻轻地给他揉了揉，说："没关系，勇敢些，不要哭。"餐后，刘某出现了呕吐，林某问："肚子不舒服吗？喝点水，漱漱口就好了。"随后清扫了呕吐物。

（1）试述保育员的做法是否正确。

（2）谈谈如何正确处理幼儿头部摔伤。

【答题思路】

头部摔伤未见出血→出现呕吐现象→及时送医院救治。

【解答】

参考答案：

（1）指出保育员的错误

1）不重视头部摔伤，没有按照正确程序进行观察。

2）把呕吐当成消化道疾病处理。

（2）正确处理

1）对于头部摔伤未见出血的情况，要密切观察 24 小时。

2）观察中有下列症状的，应及时送医院救治：恶心、呕吐、剧烈头痛、眼耳鼻出血、抽风、麻痹、语言障碍、意识丧失等。

考核要点 32——触电及溺水的处理

重点掌握

◇意外事故的处理方法。

失分点

◇不能正确处理意外情况。

【训练：填空题】

1. 幼儿触电处理程序的正确字母排序是________。

A. 立即送往最近的医院抢救

B. 切断和脱离电源

C. 按压心脏和进行人工呼吸

【答题思路】

幼儿触电的处理程序：切断和脱离电源→按压心脏和进行人工呼吸→立即送往最近的医院抢救。

【解答】

答案：B—C—A

2. 对溺水的幼儿进行胸外按压急救时，应先将手掌放在________，适度、有节奏、________地按压。

【答题思路】

对溺水的幼儿进行胸外按压急救时，应先将手掌放在胸骨中下段，适度、有节奏、带冲击性地按压。

【解答】

答案：胸骨中下段　带冲击性

考核要点 33——判断病情轻重的方法及急救的原则

重点掌握

◇判断病情轻重的方法。

失分点

◇对病情的轻重不能做出正确的判断。

【训练：填空题】

1. 生命垂危患儿的脉搏将由规则节律的跳动而变得________或者________。

【答题思路】

生命垂危患儿的脉搏将由规则节律的跳动而变得细快而慢或者节律不齐。

【解答】

答案：细快而慢　节律不齐

2. 急救的原则是________、________、________。

【答题思路】

急救的原则是挽救生命、防止残疾、减少痛苦。

【解答】

答案：挽救生命　防止残疾　减少痛苦

考核要点 34——预防室内意外事故发生的工作程序

重点掌握

◇预防室内意外事故发生的工作程序。

失分点

◇不能有效防止意外事故发生。

【训练：问答题】

结合幼儿园实践，谈谈如何防止婴幼儿室内意外伤害事故的发生。

【答题思路】

活动室家具摆放要合理→盥洗室地面应清洁干爽→午睡前对婴幼儿进行检查防止意外→妥善保管药物药品→做好一日健康观察。

【解答】

参考答案：

（1）活动室的家具摆设要合理，尽量放在角落处，保持活动室宽敞，减少碰撞。

（2）盥洗室要保持清洁，地面要干爽，防止婴幼儿跌倒、滑倒，造成摔伤、擦伤等事故。

（3）午睡前要对婴幼儿进行必要的检查，防止婴幼儿把一些小物件（如花生米、黄豆、珠子、棋子等）带在身上，以免幼儿玩耍时造成气管、鼻腔异物等意外事故。

（4）给婴幼儿的饭菜和水必须降温后进活动室，暖瓶应放在幼儿接触不到的地方；婴幼儿洗澡的水温应适宜。

（5）妥善保管好婴幼儿的药物和消毒药品、清洁药品以及带电物品。

（6）做好一日健康观察。

模拟考核

中级保育员操作技能考核试卷
（笔答部分）

注 意 事 项

1. 本职业操作技能考核时间：180 分钟。
2. 请首先按要求在试卷的标封处填写您的姓名、准考证号和所在单位的名称。
3. 请仔细阅读各种题目的回答要求，在规定的位置填写您的答案。
4. 不要在试卷上乱写乱画，不要在标封区填写无关的内容。

	一	二	总分
得分			

得分	
评分人	

一、问答题（第 1～7 题。每题 10 分，共 70 分）

1. 观看案例演示片 3 遍，答出保育员在婴幼儿洗手、洗脸工作中出现的工作失误中的 2 个，并答出相应的正确做法。洗脸的正确步骤由哪几步组成？（10 分）

演示片场景描述：盥洗室内清洁通风，水池下水道无头发、污物，地面上有一两摊水，每隔几个水龙头有一块肥皂，保育员带一群孩子进入盥洗室洗手、洗脸。

由于孩子人数太多，保育员要求孩子们按水龙头数一个跟一个地排好队轮流洗手，孩子洗手时先湿手然后随意搓了搓肥皂就冲洗，洗完后用力甩手，把水甩到后面的孩子身上，保育员在一旁只是提醒孩子动作迅速一些，小心滑倒。

有的孩子从摆放整齐的毛巾架下取下自己的毛巾，来到水龙头前面。用干毛巾擦了擦鼻子后就开始洗脸，先擦了擦前额、眼睛，然后擦了擦鼻子、嘴巴，最后就关上水龙头将毛巾挂回原处。

2. 观看案例演示片 3 遍，答出保育员在睡眠工作中出现的工作失误中的 2 个，并答出相应的正确做法。如何预防和矫正婴幼儿遗尿症？(10 分)

演示片场景描述：画面上时钟指示为 12:00，保育员在寝室门口组织小朋友排队，逐一摸小朋友的额头，逐一检查小朋友有无身体不适，如发烧等，之后让小朋友们安静地进入寝室。进入寝室后，多数小朋友都能找到自己的床铺安静躺下，并盖好被子。等小朋友们基本入睡后，保育员只是巡视了一圈就拿起一本书，在小朋友们床边的小椅子上坐下看了起来。

画面显示小朋友们几种不正确的睡姿，如缩成一团睡、蒙头睡、趴着睡等。一个小朋友还从衣兜里掏出一只小铃铛玩，小铃铛发出了响声，惊动了保育员。保育员快速来到这位小朋友身边，没收了这位小朋友的小玩具，并批评他说："你怎么把铃铛带进来了？下午不给你吃午点。"然后保育员回到座位上继续看书。

画面上时钟指示为 2:30，起床时间到了，保育员对小朋友们说："小朋友们起床啦，请先叠好被子再穿衣服，然后去洗脸。"于是小朋友们叠被子、穿衣服，忙忙碌碌的。保育员不断地催促小朋友们："快点儿、快点儿啊！"对剩下的幼儿催促其离开寝室后，保育员自己也跟着离开了寝室，寝室内多张床铺没有整理好，地上掉落了好几条毛巾。

3. 观看案例演示片 3 遍，答出保育员在配合音乐教育活动中出现的工作失误中的 3 个，并答出相应的正确做法。保育工作记录有哪些注意事项？(10 分)

演示片场景描述：随着音乐声，老师将小朋友带进教室。保育员正在开窗户，然后问教师应准备什么乐器。然后按教师的教案去给小朋友拿，发给前排的小朋友。第二排一个小朋友在和另一个小朋友玩，没有认真听讲。一个小朋友说自己的铃鼓坏了，保育员将铃鼓放回原处，换了一个铃鼓。音乐活动结束，教师让小朋友将乐器放好，将小朋友带出教室，小朋友抱着乐器坐在座位上，保育员也随着小朋友一起向教室外走，当后面还有四五个小朋友时保育员已经走到了门口。

4. 分析下例中保育员的做法，并答出正确做法。(10 分)

9 月 1 日，新学期开始了，孩子们陆陆续续地回园了。中班保育员李某和班主任一起接待孩子。小红回来了，小红的妈妈是李某的同学。李某迎上去，热情地打招呼："老同学，为什么同学会不见你呀！那天可好玩啦！还是有空再聊吧，把书包给我，快上班去吧，别迟到了。"

5. 分析下面的案例，计算消毒液的配制。(10 分)

保育员何某提来一桶清水（约 10 千克），打开储物柜的锁，取出 8 勺漂白粉（约 80 克），调成糊状，倒进水中搅匀，然后放入幼儿毛巾进行浸泡。

(1) 保育员的做法正确吗？为什么？

(2) 谈谈如何配制消毒液。

6. 如何收集和选择合适的材料制作玩具和教具？制作玩具和教具应注意哪几个问题？(10 分)

7. 结合幼儿园的实践，谈谈如何防止婴幼儿室内意外伤害事故的发生。(10 分)

得分	
评分人	

二、填空题（第1~15题。请将正确答案填入题内空白处。每题2分，共30分）

1. 日托幼儿园中，保育员在进行晨检后，物品的保管包括对婴幼儿________、________、________、________的保管。

2. 指导婴幼儿使用筷子工作程序的正确字母排序是________。

A. 指导学习拿筷子的方法　　B. 准备短筷子及易夹食物

C. 辨认筷子的头、尾　　D. 正确放置筷子

3. 擦拭餐桌工作程序的正确字母排序是________。

A. 擦半张桌子翻一个面　　B. 用“儿”字形擦拭法

C. 将抹布对折成长方形　　D. 擦一张桌子清洗一次抹布

4. 测量体重程序的正确字母排序是________。

A. 矫正杠杆的零点　　B. 熟悉秤的用法

C. 轻身、空腹　　D. 测量记录体重

5. 幼儿正确的拿勺姿势是________分开，握住________，手心朝上。

6. 保育员在平时的工作中，应该有意识地了解婴幼儿各种活动的________和________，明确其在婴幼儿发展中的作用，掌握主要的________和________，从而使自己能够娴熟地协助教师开展各种教学活动，完成教学任务。

7. 保育员要注意与教师和家长的沟通，对教育问题________，对婴幼儿提出________的教育要求。

8. 保育员平时应做好保育________和________，为写好保育工作总结积累材料。

9. 保育员在开学初要了解本学期本班主要教育活动的目标和物质需要，了解本园和本班现有玩具和教具的________、________和________，初步拟定玩具和教具的________。

10. 什么样的活动量是合适的，保育员可以用________法和________法来考察。

11. 幼儿园确立________的制度是防止幼儿走失的有效措施之一。幼儿园如果有来办事的外来人员应________，不得随便入内。

12. 对幼儿园中患传染病的工作人员，除立即对其实行________以外，还应做好

________工作。

13. 幼儿被蚊虫咬伤后，可以用________、________、________涂于患处；幼儿被黄蜂蜇伤后，可将________涂于患处。

14. 幼儿头部摔伤出血，保育员应马上用________按压伤口止血，若摔伤后未见出血，成人要________，以防不测。

15. 幼儿触电处理程序的正确字母排序是________。

A. 立即送往最近的医院抢救　　B. 切断和脱离电源

C. 按压心脏和进行人工呼吸

中级保育员操作技能考核试卷

标准答案

一、问答题（每题 10 分，共 70 分）

1. 观看案例演示片 3 遍，答出保育员在婴幼儿洗手、洗脸工作中出现的工作失误中的 2 个，并答出相应的正确做法。洗脸的正确步骤由哪几步组成？(10 分)

答案及评分标准：答出其中任意 2 处错误并改正，6 分；答出洗脸的步骤方法，4 分。

工作失误 1：地面没有保持干爽。(1 分)

正确做法：应该保持盥洗室地面清洁干爽，防止婴幼儿滑倒，将水池前的地面铺上渗水地垫。(2 分)

工作失误 2：肥皂、洗手液的数量不够。(1 分)

正确做法：应准备足够的肥皂或洗手液，数量与水龙头的数量相同或隔一个水龙头一个。(2 分)

工作失误 3：婴幼儿盥洗敷衍了事，保育员没有进行有效指导。(1 分)

正确做法：保育员应该督促、指导婴幼儿认真洗手，不玩水、不敷衍，婴幼儿洗完手后保育员要检查是否洗干净，并提醒婴幼儿用自己专用的毛巾擦手。(2 分)

工作失误 4：保育员没有提醒婴幼儿洗脸前先用卫生纸擤鼻涕。(1 分)

正确做法：保育员应该将卫生纸放在婴幼儿容易拿到的地方，以便婴幼儿洗脸前可以用来擤鼻涕。(2 分)

工作失误 5：保育员没有指导婴幼儿用正确的方法洗脸。(1 分)

正确做法：保育员应提醒婴幼儿用正确的顺序洗脸：先用毛巾擦里、外眼角，然后擦前额、脸颊、鼻孔下方、口周、下巴、脖子及耳朵。其间应清洗毛巾 2 次，以保证毛巾的清洁。(2 分)

洗脸的正确步骤如下。

(1) 保育员提醒婴幼儿擤鼻涕。(1 分)

(2) 将毛巾浸湿拧干。(1 分)

(3) 洗脸的顺序是：先用毛巾擦里、外眼角，然后擦前额、脸颊、鼻孔下方、口周、下巴、脖子及耳朵。(1 分)

(4) 其间应清洗毛巾 2 次，以保证毛巾的清洁。冬季洗脸后应搽油，以保护婴幼儿的皮肤。(1 分)

2. 观看案例演示片 3 遍，答出保育员在睡眠工作中出现的工作失误中的 2 个，并答出相应的正确做法。如何预防和矫正婴幼儿遗尿症？（10 分）

答案及评分标准：答出其中任意 2 处错误并改正，6 分；答出预防和矫正婴幼儿遗尿症的方法，4 分。

工作失误 1：保育员没有按照日托幼儿园午检的方法对幼儿进行午检。（1 分）

正确做法：应该是（1）一摸，摸婴幼儿的额头、额下和腮部；（2）二看，包括婴幼儿的精神状态、面色、咽部有无异常，皮肤有无皮疹及某些传染病的早期表现；（3）三问，婴幼儿有无不适；（4）四查，查看婴幼儿的衣兜内有无不安全的物品，将其带来的小物件暂时保存起来，避免发生意外事故。（2 分）

工作失误 2：保育员没有细心巡视、照料婴幼儿睡眠，没有及时纠正婴幼儿不良的睡眠姿势。（1 分）

正确做法：保育员应认真观察婴幼儿睡眠情况，发现婴幼儿出现不良睡姿要及时纠正，应做到态度和蔼，动作轻柔。（2 分）

工作失误 3：保育员不应粗暴对待婴幼儿的睡眠问题。（1 分）

正确做法：保育员应告诉婴幼儿暂时帮他保管小玩具，回家的时候还给他，使婴幼儿保持轻松、愉快的情绪，在良好的精神状态下入睡。（2 分）

工作失误 4：保育员不应要求婴幼儿起床后先叠被子再穿衣服。（1 分）

正确做法：先指导婴幼儿穿衣，然后再指导婴幼儿整理床铺。（2 分）

工作失误 5：保育员没有对婴幼儿整理床铺进行指导，也没有对寝室做进一步的检查整理。（1 分）

正确做法：保育员应指导婴幼儿用正确的方法整理床铺，并在婴幼儿离开寝室后做进一步的检查整理工作。（2 分）

预防和矫正婴幼儿遗尿症的方法如下。

（1）唤醒排尿。（1 分）

（2）避免过度疲劳，控制饮水量。（1 分）

（3）消除导致婴幼儿精神紧张不安的因素。（1 分）

（4）进行行为治疗和药物治疗。（1 分）

3. 观看案例演示片 3 遍，答出保育员在配合音乐教育活动中出现的工作失误中的 3 个，并答出相应的正确做法。保育工作记录有哪些注意事项？（10 分）

答案及评分标准：答出其中任意 3 处错误并改正，9 分；答出保育工作记录的注意事项，1 分。

工作失误 1：婴幼儿来到音乐室才打开窗户通风。（1 分）

正确做法：应该提前开窗通风透气一段时间，以保证室内空气清新。（2 分）

工作失误 2：没有在活动前了解活动计划，按教育活动要求摆放好器材（乐器）。（1 分）

正确做法：应该每周一开始了解周教育活动目标，提前做好材料准备。（2 分）

工作失误 3：没有在活动前检查材料，因为乐器不能使用影响正常教学。（1 分）

正确做法：应该在活动前做好设备材料的检查工作。（2 分）

工作失误 4：将出现问题的乐器重新放回乐器架上。（1 分）

正确做法：应该将坏了的乐器放置在专门回收破损乐器的修理架上，并做好登记。（2 分）

工作失误 5：没有及时准确地做好保育工作记录。（1 分）

正确做法：应该根据活动的实际情况客观、及时、准确、详细填写。（2 分）

工作失误 6：活动结束后没有对材料做进一步的整理还原。（1 分）

正确做法：应该将使用过的乐器清点、检查，并放回原来的位置。（2 分）

保育员工作记录的注意事项：记录要及时准确，应客观、真实地反映儿童活动的本来面目。（1 分）

4. 分析下例中保育员的做法，并答出正确做法。（10 分）

答案及评分标准：

（1）指出保育员做法的错误

1）没有了解孩子假期健康情况。（1 分）

2）没有检查孩子当时健康情况。（1 分）

3）没有检查孩子带回园的物品。（1 分）

（2）正确做法

一摸。摸孩子额头、颌下、腮部。（2 分）

二看。看孩子的精神状态、面色、咽部、皮肤有无异常。（2 分）

三问。向家长了解孩子在家中饮食、睡眠、大小便情况。（1 分）

四查。检查孩子书包、衣兜有无不安全物品，避免发生意外事故。（2 分）

5. 分析下面的案例，计算消毒液的配制。（10 分）

答案及评分标准：

（1）保育员的操作程序基本正确。（2 分）

保育员做法的错误如下。

1）1∶125（0.8%）的浓度太高。（3 分）

2）储物柜要上锁，防止幼儿拿到。（2 分）

（2）消毒液的配制方法如下。

1）计算所需药量和加水量。（1 分）

2）准备好配制工具。（1分）

3）按比例配制消毒液。按照配制比例，量取适量的水和漂白粉，先在漂白粉中加入少量水调成糊状，再加水搅匀。（1分）

6. 如何选择合适的玩具和教具？制作玩具和教具应注意哪些问题？（10分）

答案及评分标准：

（1）收集和选择合适的材料

1）根据教育的要求，注意收集制作玩具和教具所需要的材料。（2分）

2）了解并根据教育的需要，有目的地购置材料。（1分）

3）发动婴幼儿和家长共同收集材料。（1分）

4）选择合适的材料，制作玩具和教具。（1分）

（2）注意事项

1）玩具和教具必须符合安全卫生的要求。（2分）

2）玩具和教具的大小、轻重应适合学前儿童的使用。（1分）

3）对玩具和教具应经常进行消毒。（1分）

4）对玩具和教具应做好保养、维修工作。（1分）

7. 结合幼儿园的实践，谈谈如何防止婴幼儿室内意外伤害事故的发生。（10分）

答案及评分标准：回答要点正确得6分，联系实际分析正确得4分。若考生自己发挥合理，可酌情给分。

（1）活动室的家具摆设要合理，尽量放在角落处，保持活动室宽敞，减少碰撞。（2分）

（2）盥洗室要保持清洁，地面要干爽，防止婴幼儿跌倒、滑倒，造成摔伤、擦伤等事故。（2分）

（3）午睡前要对婴幼儿进行必要的检查，防止婴幼儿把一些小物件（如花生米、黄豆、珠子、棋子等）带在身上，以免婴幼儿玩耍时造成气管、鼻腔异物等意外事故。（2分）

（4）给婴幼儿的饭菜和水必须降温后才能进入活动室，暖瓶应放在婴幼儿接触不到的地方；婴幼儿洗澡的水温应适宜。（2分）

（5）妥善保管好婴幼儿的药物和消毒药品、清洁药品以及带电物品。（1分）

（6）做好一日健康观察。（1分）

二、填空题（每题2分，共30分）

1. 外衣　玩具　食物　药物

2. B—C—D—A

3. C—B—A—D

4. B—A—C—D

5. 拇指应与其他四指　勺柄的两侧

6. 意义　教育目的　活动内容　指导要点

7. 达成共识　一致

8. 工作计划　工作记录

9. 种类　数量　质量　制作计划

10. 观察　测量

11. 家长接送孩子要与保育员见面　在传达室等候

12. 隔离　与其相接触人的检疫和疫源地的消毒

13. 清凉油　绿药膏　酒精　食醋

14. 洁净纱布　对其进行 24 小时观察

15. B—C—A

中级保育员技能考核通知单（考生）

姓名：__________ 准考证号：__________ 单位：__________

由考场准备。

中级保育员操作技能考核准备通知单（考场）

姓名：__________ 准考证号：__________ 单位：__________

1. 设备准备

序号	名称	规格	单位	数量	备注
1	笔试考场		间	1	能容纳考生
2	课桌		张	同考生数	
3	课椅		把	同考生数	
4	答题纸	A4	页	若干	
5	能播放 AVI 格式录像文件的计算机及投影仪器		台	1	保证能集中放映录像
6	能播放 AVI 格式录像文件的计算机教室	统一受控播放耳机接听			计算机台数同考生数量，中控播放可用服务器通过计算机局域网或使用语音实验室设备

注：第 5 项和第 6 项具备其一即可，至少保证第 5 项，最好达到第 6 项。

2. 其他准备

考场需要根据试卷上的录像案例分析题，提前准备出三段录像文件：“洗脸、洗手”“睡眠”和“配合音乐教育活动”，并在考试开始后将每段录像连续播放 3 遍，每段录像间停顿 10 分钟。

保育员（高级）

考核内容

高级保育员操作技能鉴定考核要素细目表

考核范围		考核比重	名称	重要程度
清洁消毒	消毒	10%	预防常见传染病的经常性工作	掌握
			呼吸道传染病的消毒措施	掌握
			消化道传染病的消毒措施	掌握
			传染病预防和消毒工作的注意事项	掌握
			传染病预防的相关知识	熟悉
			常见传染病预防的相关知识	熟悉
			幼儿园有关预防传染病的制度	熟悉
生活管理	晨、午、晚检与体检	5%	晨、午、晚检的工作程序	掌握
			全日观察的工作方法	掌握
			婴幼儿生病的主要表现及相关知识	熟悉
	预防接种	5%	预防接种的工作程序	掌握
			预防接种的相关知识	熟悉
			预防接种的注意事项	掌握
	进餐	10%	照料体弱儿进餐的基本原则	掌握
			照料体弱儿进餐的具体工作方法	掌握
			照料肥胖儿进餐的具体工作方法	掌握
			培养婴幼儿文明进餐习惯的工作程序	掌握
			培养婴幼儿文明进餐习惯的相关知识	熟悉
			培养婴幼儿文明进餐习惯的工作注意事项	掌握
	盥洗如厕	5%	训练婴幼儿小便的工作方法	掌握
			训练婴幼儿大便的工作方法	掌握
			婴幼儿排尿训练的相关知识	熟悉
			婴幼儿排便训练的相关知识	熟悉
			培养婴幼儿良好大小便习惯的注意事项	掌握
			及时发现和处理婴幼儿大小便异常	掌握

续表

考核范围		考核比重	名称	重要程度
生活管理	睡眠	5%	培养婴幼儿独自入睡习惯的工作方法	掌握
			培养婴幼儿按时入睡和按时起床习惯的工作方法	掌握
			培养婴幼儿正确睡眠姿势的工作方法	掌握
			培养婴幼儿良好睡眠习惯的注意事项	掌握
			及时发现及正确处理幼儿的睡眠问题	掌握
			发现和处理幼儿睡眠问题的注意事项	掌握
配合教育活动	室内教育活动	16%	了解教育计划和主动配合教育活动的工作程序	掌握
			幼儿园教育计划的相关知识	熟悉
			了解教育计划和主动配合教育活动的注意事项	掌握
			指导婴幼儿游戏和教学活动常用的工作方法及程序	掌握
			指导婴幼儿游戏和教学活动的注意事项	掌握
			解决婴幼儿在游戏和教学活动中常出现问题的方法和工作程序	掌握
			解决婴幼儿在游戏和教学活动中常出现问题的注意事项	掌握
	室外教育活动	14%	配合室外教育活动的工作程序	掌握
			配合室外教育活动的相关知识	熟悉
	环境创设	10%	创设良好教育活动环境的工作程序	掌握
			创设良好教育活动环境的注意事项	掌握
安全工作	安全教育	10%	对婴幼儿进行防火教育	掌握
			对婴幼儿进行防电教育	掌握
			对婴幼儿进行防水教育	掌握
			对婴幼儿进行防交通事故教育	掌握
			对婴幼儿进行防毒教育	掌握
			教育婴幼儿认识常见标志	掌握
			教给幼儿求救的知识	掌握

续表

考核范围		考核比重	名称	重要程度
安全工作	安全教育	10%	教育婴幼儿在生活和活动中的自我保护	掌握
			教育婴幼儿在意外情况下的自我保护	掌握
			对婴幼儿开展自护教育的注意事项	掌握
培训与指导	实际操作指导	10%	实际操作中对初、中级保育员讲解保育工作内容、职责和要求	掌握
			实际操作中对初、中级保育员讲清并示范各工作环节的工作要点	掌握
			实际操作中对初、中级保育员的工作进行简单评价	掌握
			指导初、中级保育员写保育工作计划、总结和专业文章	掌握

操作解析

考核要点 1——预防常见传染病的经常性工作

重点掌握

◇传染病经常性预防工作的内容。

失分点

◇工作过程中的失误。

【训练 1：填空题】

1. 做好经常性预防工作的重要内容和要求是：做好日常________工作，消灭________，减少疾病传播的机会。

【答题思路】

做好经常性预防工作的重要内容和要求是：做好日常清洁消毒工作，消灭蚊蝇，减少疾病传播的机会。

【解答】

答案：清洁消毒　蚊蝇

2. 经常锻炼身体，增强________，提高婴幼儿的________是预防常见传染病的经常性预防工作之一。

【答题思路】

经常锻炼身体，增强体质，提高婴幼儿的抵抗力是预防常见传染病的经常性预防工作之一。

【解答】

答案：体质　抵抗力

【训练 2：问答题】

经常性的预防工作包括哪些内容？

【答题思路】

清洁消毒工作→室内空气→饮食卫生→个人卫生习惯→合理安排一日生活→平衡膳食、健康发育→锻炼身体、提高抵抗力。

【解答】

答案：经常性的预防工作包括以下内容。

（1）做好日常清洁消毒工作，消灭蚊蝇，减少疾病传播的机会。

（2）保持室内空气新鲜。

（3）做好饮食卫生工作。

（4）培养婴幼儿良好的个人卫生习惯。

（5）合理安排婴幼儿的一日生活。

（6）为婴幼儿准备平衡的膳食，保证他们的健康发育。

（7）经常锻炼身体，增强体质，提高婴幼儿的抵抗力。

（8）严格晨、午、晚检和全日观察，及时发现疾病。

考核要点 2——呼吸道传染病及消化道传染病的消毒措施

重点掌握

◇传染病的预防知识和消毒措施。

失分点

◇具体操作过程中的失误。

【训练 1：填空题】

1. 病毒性腮腺炎发生后，保育员要配合保健医生督促全班婴幼儿口服______

________，预防腮腺炎。

【答题思路】

病毒性腮腺炎发生后，保育员要配合保健医生督促全班婴幼儿口服板蓝根，预防腮腺炎。

【解答】

答案：板蓝根

2. 水痘发生后，患儿应________，保育员对班级活动室、寝室里的空气和物品进行消毒，开窗通风________小时。

【答题思路】

水痘发生后，患儿应马上隔离，保育员对班级活动室、寝室里的空气和物品进行消毒，开窗通风 3 小时。

【解答】

答案：马上隔离　3

3. 猩红热发生后，患儿应尽快________，室内开窗通风，对一切用具采用适当的方法消毒，并配合保健医生对接触班的婴幼儿喂服________药物，预防猩红热。

【答题思路】

猩红热发生后，患儿应尽快隔离治疗，室内开窗通风，对一切用具采用适当的方法消毒，并配合保健医生对接触班的婴幼儿喂服磺胺类药物，预防猩红热。

【解答】

答案：隔离治疗　磺胺类

4. 消化道传染病发生后，可用________的方法，或________的方法，对食具进行消毒。

【答题思路】

消化道传染病发生后，可用煮沸的方法，或漂白粉澄清液浸泡的方法，对食具进行消毒。

【解答】

答案：煮沸　漂白粉澄清液浸泡

5. 消化道传染病发生后，被褥可用________消毒；对传染病患儿的呕吐物或排泄物可用________进行搅拌消毒。

【答题思路】

消化道传染病发生后，被褥可用日晒消毒；对传染病患儿的呕吐物或排泄物可用石灰或漂白粉乳液进行搅拌消毒。

【解答】

答案：日晒　石灰或漂白粉乳液

6. 发生肠道传染病时，食具、水碗、奶瓶、毛巾、餐巾等要用消毒剂浸泡________分钟，玩具、图书要用5%的来苏液消毒剂以________的方法消毒10分钟。

【答题思路】

发生肠道传染病时，食具、水碗、奶瓶、毛巾、餐巾等要用消毒剂浸泡15分钟，玩具、图书要用5%的来苏液消毒剂以重点擦拭的方法消毒10分钟。

【解答】

答案：15　重点擦拭

7. 发生肠道传染病时，室内地面、墙壁用具等要用0.2%～0.5%的过氧乙酸或5%的来苏液消毒剂以________的方法消毒________分钟。

【答题思路】

发生肠道传染病时，室内地面、墙壁用具等要用0.2%～0.5%的过氧乙酸或5%的来苏液消毒剂以喷雾擦拭的方法消毒3分钟。

【解答】

答案：喷雾擦拭　3

8. 保育员接触呼吸道传染病的患儿后，应在室外________、________，再接触健康孩子。

【答题思路】

保育员接触呼吸道传染病的患儿后，应在室外晒晒太阳、吹吹风，再接触健康孩子。

【解答】

答案：晒晒太阳　吹吹风

9. ________消毒、紫外线灯消毒、使用________对空气消毒是呼吸道传染病的主要消毒措施。保育员应在保健医生的指导下，定期使用紫外线灯照射消毒。

【答题思路】

开窗通风消毒、紫外线灯消毒、使用药物对空气消毒是呼吸道传染病的主要消毒措施。保育员应在保健医生的指导下，定期使用紫外线灯照射消毒。

【解答】

答案：开窗通风　药物

10. 根据消化道传染病的不同，可对患儿使用过的便盆用________或________进行不同时间、不同浓度的浸泡或喷雾消毒。

【答题思路】

根据消化道传染病的不同，可对患儿使用过的便盆用漂白粉澄清液或来苏水进行不同时间、不同浓度的浸泡或喷雾消毒。

【解答】

答案：漂白粉澄清液　来苏水

11. 在消毒工作中，高级保育员应掌握传染病的________和________。中级保育员应掌握________的方法。初级保育员应能够做好幼儿园的________和配合保健医生________。

【答题思路】

在消毒工作中，高级保育员应掌握传染病的预防知识和消毒措施。中级保育员应掌握配制常用消毒液的方法。初级保育员应能够做好幼儿园的消毒工作和配合保健医生配制消毒液。

【解答】

答案：预防知识　消毒措施　配制常用消毒液　消毒工作　配制消毒液

12. 细菌性痢疾发生后，保育员要协助医生督促本班婴幼儿服用________，或在吃饭时吃些________。

【答题思路】

细菌性痢疾发生后，保育员要协助医生督促本班婴幼儿服用茶叶煎剂，或在吃饭时吃些大蒜。

【解答】

答案：茶叶煎剂　大蒜

13. 常见传染病的预防消毒方法主要有煮沸法、________法、________法。

【答题思路】

常见传染病的预防消毒方法主要有煮沸法、日晒法、药品消毒法。

【解答】

答案：日晒　药品消毒

14. 开窗通风消毒、________消毒、________消毒是呼吸道传染病的主要消毒措施。

【答题思路】

开窗通风消毒、紫外线灯消毒、使用药物对室内空气消毒是呼吸道传染病的主要消毒措施。

【解答】

答案：紫外线灯　使用药物对室内空气

【训练 2：问答题】

呼吸道传染病的消毒应做哪些工作?

【答题思路】

开窗通风→紫外线灯消毒→使用药物对室内空气消毒（过氧乙酸或漂白粉澄清液）。

【解答】

参考答案：

（1）开窗通风。消毒婴幼儿的居室，除每天坚持按照幼儿园规定开窗通风外，有些呼吸道传染病，如流感、风疹、水痘等发生后，保育员应开窗通风 3 小时。

（2）紫外线灯消毒。保育员应在保健医生的指导下，定期使用紫外线灯照射消毒。

（3）使用药物对室内空气消毒。呼吸道传染病发生后，可以采用如下方法对室内空气进行消毒。

1）过氧乙酸消毒。传染病发生后保育员应在保健医生的指导下，用 0.2%～0.5%的过氧乙酸对空气喷雾，每立方米的空间约喷雾 30 毫升，之后关闭门窗 30 分钟。

2）漂白粉澄清液消毒。传染病发生后，保育员应在保健医生的指导下，用 1%～3%的漂白粉澄清液喷雾，喷到地面湿透为止。

考核要点 3——传染病预防和消毒工作的注意事项

重点掌握

◇传染病预防和消毒工作注意事项的内容。

失分点

◇操作过程中的失误。

【训练 1：填空题】

保育员在护理消化道传染病幼儿时应戴________，护理患儿后应先________。

【答题思路】

保育员在护理消化道传染病幼儿时应戴口罩，护理患儿后应先洗手。

【解答】

答案：口罩　洗手

【训练 2：问答题】

预防常见传染病及做好消毒工作应注意哪些问题？

【答题思路】

隔离患儿→观察婴幼儿变化→接触患儿后的要求→护理患儿的要求。

【解答】

参考答案：预防常见传染病及做好消毒工作应注意以下问题。

(1) 传染病发生后应及时隔离患儿，并做好终末消毒工作。

(2) 在传染病流行期间，保育员应注意观察婴幼儿的细微变化，发现异常，及时送医务室诊断。

(3) 保育员接触呼吸道传染病的患儿后，应到室外晒晒太阳、吹吹风，再接触健康孩子。

(4) 保育员护理患儿应戴口罩，护理患儿后应先洗手。

考核要点 4——常见传染病预防的相关知识及幼儿园预防传染病的制度

重点掌握

◇传染病的预防措施及相关知识。

失分点

◇操作方法不正确。

【训练：填空题】

1. 预防接种能够使婴幼儿产生对传染病的________，防止传染病的________。

【答题思路】

预防接种能够使婴幼儿产生对传染病的抵抗力，防止传染病的传播和蔓延。

【解答】

答案：抵抗力　传播和蔓延

2. 传染病的预防主要应做到控制________，切断________，保护________。

【答题思路】

传染病的预防主要应做到控制传染源，切断传播途径，保护易感人群。

【解答】

答案：传染源　传播途径　易感人群

考核要点 5——生活管理的具体内容

重点掌握

◇掌握生活管理的具体内容。

失分点

◇对生活管理的具体内容掌握不明确。

【训练 1：填空题】

1. 生活管理工作包括________、预防接种、进餐、盥洗如厕、饮水、睡眠和________。

【答题思路】

生活管理工作包括晨午晚检与体检、预防接种、进餐、盥洗如厕、饮水、睡眠和物品保管。

【解答】

答案：晨午晚检与体检　物品保管

2. 幼儿园保育员的主要职责之一是妥善保管幼儿的________和本班的________。

【答题思路】

幼儿园保育员的主要职责之一是妥善保管幼儿的衣物和本班的设备用具。

【解答】

答案：衣物　设备用具

【训练 2：问答题】

分析保育员做法的正误，并谈谈保育员应如何保管药物。

冬冬家长对老师说，冬冬耳朵上起了个疱，请老师帮忙喂药、搽药。保育员上前接过袋子，打开看了看，是一包药片和一支药膏，就顺手把整袋药放在玩具柜上，然后又去接待其他小朋友了。

【答题思路】

每日晨检后，保育员应填写晨检记录表，记录婴幼儿的药物和服药方法，同时将药物放到婴幼儿无法拿到的地方。

【解答】

参考答案：

(1) 保育员做法不正确。

(2) 保育员没有对婴幼儿带来的药物做好登记，还随意把药物放在玩具柜上。

正确做法：每日晨检后，保育员应填写晨检记录表，记录婴幼儿的药物和服药方法，同时将药物放到婴幼儿无法拿到的地方。

考核要点 6——晨、午、晚检与体检的工作程序及全日观察的工作方法

重点掌握

◇晨、午、晚检与体检的内容。

失分点

◇晨、午、晚检与体检过程中易忽略的问题。

【训练 1：填空题】

保育员应该在一日工作的各环节中，仔细观察婴幼儿的身体变化。保育员对婴幼儿进行全日观察的重点是婴幼儿的精神、________、________、面色、________及________等情况。

【答题思路】

保育员应该在一日工作的各环节中，仔细观察婴幼儿的身体变化。保育员对婴幼儿进行全日观察的重点是婴幼儿的精神、食欲、大小便、面色、体温及睡眠等情况。

【解答】

答案：食欲　大小便　体温　睡眠

【训练 2：问答题】

观看案例演示片 3 遍，答出保育员在进行日托幼儿园晨检工作时，程序中出现的工作失误中的 3 个，并答出相应的正确做法。保育员对婴幼儿进行全日观察的重点是什么？

场景：晨检时间，保育员站在教室门口接待来园的孩子。有两个小朋友进了教室跟老师打了声招呼，保育员分别检查了两个孩子的额头及下颌，并询问孩子有没有不舒服，就让孩子们进入了教室。一个家长带着一个小男孩进了教室，互相打过招呼后，家长对保育员说："星期天他去了表哥家，他表哥得了手足口病，不过他的身体还是挺好的。"保育员说："是吗，让老师看看。"然后撩起孩子的衣服看了看前胸和后背，说："真的没事，放下书包去玩吧！"紧接着，另一个家长带着他的女儿进了教室，并且拿了一瓶药对保育员说："医生说她的身体不好，需要补充维生素，请您按时给她服药。"保育员接过药瓶，顺手放在桌子上，然后就去照看孩子们了。

【答题思路】

晨、午、晚检具体内容→全日观察的重点内容→晨、午、晚检的相关知识。

【解答】

参考答案：

工作失误1：保育员没有按照日托幼儿园晨检的方法为婴幼儿进行晨检。

正确做法：一摸、二看、三问、四查。

工作失误2：保育员没有对婴幼儿带来的药物做好登记，还随意把药物放在桌子上。

正确做法：保育员要对婴幼儿带来的药物做好详细的登记，并将它们放在婴幼儿够不到的地方。

工作失误3：保育员未详细了解婴幼儿是否与患者接触。

正确做法：应该向家长或婴幼儿了解患者发病时间和接触史。

工作失误4：保育员检查部位不正确。

正确做法：除了晨检常规检查的部位外，应该针对手足口病的特点认真检查口腔、双手掌、双脚有无红点。

工作失误5：没有填写"幼儿园晨检记录表"。

正确做法：应根据晨检情况认真填写好"幼儿园晨检记录表"。

保育员对婴幼儿进行全日观察重点：全日观察重点是婴幼儿的精神、食欲、大小便、面色、体温及睡眠等。

考核要点 7——婴幼儿生病的主要表现及相关知识

重点掌握

◇婴幼儿健康的标准。

失分点

◇不能正确判断婴幼儿的病症。

【训练 1：填空题】

1. 婴幼儿生病的迹象主要表现为：________、________、________、________、大小便、睡眠、囟门、体温。

【答题思路】

婴幼儿生病的迹象主要表现为：精神、表情、脸色、吃喝、大小便、睡眠、囟门、体温。

【解答】

答案：精神　表情　脸色　吃喝

2. 维生素 A 中毒的主要表现是厌食、________、________等。

【答题思路】

维生素 A 中毒的主要表现是厌食、头发脱落、骨头痛。

【解答】

答案：头发脱落　骨头痛

3. 正常婴幼儿腋下的体温应为________℃，体温波动的幅度约________℃。体温________℃为低烧，体温在________℃以上为高烧。

【答题思路】

正常婴幼儿腋下的体温应为 36～37.4℃，体温波动的幅度约 1℃。体温 37.5～38℃为低烧，体温在 39℃以上为高烧。

【解答】

答案：36～37.4　1　37.5～38　39

4. 可导致高烧的常见病有：________、________、________、猩红热、流脑、乙脑、________等。

【答题思路】

可导致高烧的常见病有：感冒、急性扁桃体炎、幼儿急疹、猩红热、流脑、乙脑、中毒性痢疾等。

【解答】

答案：感冒　急性扁桃体炎　幼儿急疹　中毒性痢疾

【训练 2：问答题】

婴幼儿生病的相关表现是什么？

【答题思路】

婴幼儿生病的相关表现主要有精神、表情、脸色、吃喝、大小便、睡眠、囟门、体温，并了解相关各项的具体内容。

【解答】

参考答案：

（1）精神。婴幼儿生病会表现出不爱玩、没精神、烦躁不安、哭闹等异常。

（2）表情。中枢神经系统有病会出现眼神发呆，疑似视远方，同时有尖声啼哭等现象。

（3）脸色。若婴幼儿面色苍白、发黄，翻开下眼皮也明显缺少血色，常见于营养不良性贫血。颊部、口唇、鼻尖等处发青，可见于某些先天性心脏病。

（4）吃喝。食欲不振、异嗜癖、食欲亢进。

（5）大小便

1）大便异常。粪便表面有鲜血、“红果酱样”大便、脓血便、白陶土样大便、“柏油样”大便、腹泻、便秘。

2）小便异常。排尿次数明显增加，尿液呈红色，尿量明显减少。

（6）睡眠。如果出现入睡困难或嗜睡、睡眠不安等现象，就是疾病的表现。

（7）囟门。前囟凹陷，前囟隆起。

（8）体温。体温 37.5～38℃为低烧，体温在 39℃以上为高烧。

考核要点 8——预防接种的工作程序及相关知识

重点掌握

◇预防接种的准备工作。

◇预防接种的相关知识。

失分点

◇预防接种后异常问题的处理。

【训练 1：填空题】

1. 预防接种又称________，是将疫苗通过适当的途径接种到人体内，使人体产生对该传染病的________，从而达到预防传染病的目的。

【答题思路】

预防接种又称人工免疫，是将疫苗通过适当的途径接种到人体内，使人体产生对该传染病的抵抗力，从而达到预防传染病的目的。

【解答】

答案：人工免疫　抵抗力

2. 凡能刺激人体产生抗体，并能与相应的抗体发生特异性反应的物质，称为________，如________、________等________。

【答题思路】

凡能刺激人体产生抗体，并能与相应的抗体发生特异性反应的物质，称为抗原，如麻疹病毒、结核杆菌等病原微生物。

【解答】

答案：抗原　麻疹病毒　结核杆菌　病原微生物

3. 病原微生物刺激人体后，机体产生一种具有抵御作用的特异性质的蛋白质，这种蛋白质叫________，它以不同的方式消灭侵入机体的病原微生物及其所产生的毒素。机体产生了抗体，就具有了________。

【答题思路】

病原微生物刺激人体后，机体产生一种具有抵御作用的特异性质的蛋白质，这种蛋白质叫抗体，它以不同的方式消灭侵入机体的病原微生物及其所产生的毒素。机体产生了抗体，就具有了免疫力。

【解答】

答案：抗体　免疫力

4. 能使人体产生免疫力的一切病原微生物制品，统称疫苗。它包括________、________及________。疫苗是指由病毒制成的生物制品，菌苗是由细菌制成的生物制品，由细菌外毒素经减毒而制成的生物制品叫类毒素。

【答题思路】

能使人体产生免疫力的一切病原微生物制品，统称疫苗。它包括疫苗、菌苗及类毒素。疫苗是指由病毒制成的生物制品，菌苗是由细菌制成的生物制品，由细菌外毒素经减毒而制成的生物制品叫类毒素。

【解答】

答案：疫苗　菌苗　类毒素

5. 各种传染病潜伏期不同，隔离期和检疫期也都不同。________为从发病日算起到该病最长的潜伏期。潜伏期为自病原体侵入人体，至________的这段时间。

【答题思路】

各种传染病潜伏期不同，隔离期和检疫期也都不同。检疫期为从发病日算起到该病最长的潜伏期。潜伏期为自病原体侵入人体，至出现症状的这段时间。

【解答】

答案：检疫期　出现症状

6. 保育员应为预防接种所做的工作的正确字母顺序为：________。

A. 通知家长和了解接种内容　　B. 统计人数

C. 保证接种的秩序　　D. 接种中和接种后的异常问题及处理

【答题思路】

保育员应为预防接种所做的工作依序为：通知家长和了解接种内容→统计人数→保证接种的秩序→接种中和接种后的异常问题及处理。

【解答】

答案：A—B—C—D

7. 我国于________年颁布的《中华人民共和国传染病防治法实施办法》第二章第十二条规定："国家对儿童实行________。________应当按照国家有关规定，接受预防接种。适龄儿童的家长或者监护人应当及时向医疗保健机构申请办理预防接种证。托幼机构、学校在办理入托、入学手续时，应当查验预防接种证，未按规定接种的儿童应当________。"

【答题思路】

我国于1991年颁布的《中华人民共和国传染病防治法实施办法》第二章第十二条规定："国家对儿童实行预防接种证制度。适龄儿童应当按照国家有关规定，接受预防接种。适龄儿童的家长或者监护人应当及时向医疗保健机构申请办理预防接种证。托幼机构、学校在办理入托、入学手续时，应当查验预防接种证，未按规定接种的儿童应当及时补种。"

【解答】

答案：1991　预防接种证制度　适龄儿童　及时补种

【训练2：问答题】

1. 分析下面的案例，回答问题。

明天就要打预防针了，保育员李某赶忙打电话通知缺勤孩子的家长。幼儿平平的妈妈说："孩子发烧在家养病。"保育员李某说："明天回来打预防针吧，没关系的，不然要过好久才有补打的机会。"

请根据案例回答：

(1) 你认为保育员李某的做法正确吗？

(2) 幼儿园应如何做好预防接种的准备工作？

【答题思路】

通知家长→了解接种的内容→统计人数。

【解答】

参考答案：保育员李某的做法不正确。保育员为婴幼儿预防接种应做的准备有：通知家长，保育员自己对该次预防接种的情况要有所了解。

(1) 通知家长。在预防接种的前一天，保育员应该通知家长，为婴幼儿洗澡、清洁皮肤，以防接种局部的感染。如果没有身体不适，在接种的当天应尽量送孩子上幼儿园。保育员应保证婴幼儿早餐吃饱，不要空腹。

(2) 了解接种的内容。保育员应该了解此次接种的名称、目的，以及接种的注意事项。

(3) 统计人数。保育员应该协助教师统计当天到园的人数和名单，并做好准确的记录；同时记录班级生病未到园婴幼儿的名单以便及时补种，并将在园但身体不适的婴幼儿的症状及时通知医务室，由医生决定是否接种。但是就一般情况而言，正在发烧、有过敏史的婴幼儿应暂时避免接种，待婴幼儿病愈后，及时补种即可。

2. 在婴幼儿的预防接种工作中，保育员应该做的工作主要有哪些？谈谈你是如何配合你园的保健医生做好婴幼儿预防接种工作的。

【答题思路】

保育员在预防接种工作中应按以下程序操作：准备工作→统计人数→保证接种的秩序→接种中和接种后异常问题及处理。

【解答】

参考答案：保育员应为预防接种所做的工作有：准备工作、统计人数、保证接种的秩序、接种中和接种后的异常问题及处理。

(1) 保育员在平时预防接种工作中，应做的准备有：通知家长，保育员自己对该次预防接种内容的了解。

1) 通知家长。在预防接种的前一天，保育员应该通知家长，为婴幼儿洗澡、清洁皮肤，以防接种部位感染。保育员应保证婴幼儿当天早餐吃饱，不空腹。

2）了解接种的内容。保育员应该了解此次接种的名称、目的，以及接种的注意事项。

（2）人数统计。接种前，保育员协助教师统计当天到园的人数和名单，并做好准确的记录；同时记录班级生病未到园孩子的名单以便及时补种，并将在园但身体不适的婴幼儿的症状及时通知医务室，由医生决定是否接种。

（3）保证接种秩序

1）清点人数。要求、协助婴幼儿按照名单的顺序排队，尽可能地让其记住自己在队伍中的位置。

2）鼓励婴幼儿勇敢，不哭闹。

3）协助接种工作。接种中与本班教师配合，一人站在接种婴幼儿的旁边，一人站在队尾。亲切地问候婴幼儿，与婴幼儿轻松地交谈，以减轻他们的紧张情绪。同时要维持秩序。

4）预防接种后的协助工作。预防接种后，组织婴幼儿进行轻微活动，注意避免受凉、受热，注意观察婴幼儿的体温、食欲和精神，发现异常应送医务室检查。

（4）异常问题及处理。接种时，婴幼儿可能会由于害怕、空腹等出现“晕针”。针对这种情况，可让婴幼儿平卧，喝些糖水，安静休息，不久即可恢复。接种后 24 小时会有局部或全身的反应，如注射部位红肿疼痛，严重者可引起附近淋巴结肿大，有压痛。身体可出现发烧、头疼、恶心、呕吐等症状，1～2 天后消失。对注射处出现的红肿，可采用局部热敷的方法，几周后可消肿。如婴幼儿发烧，可遵医嘱服用退热药。注意区分预防接种的反应与疾病的症状。

考核要点 9——预防接种的注意事项

重点掌握

◇预防接种注意事项的具体内容。

失分点

◇对预防接种注意事项的具体内容掌握不明确。

【训练：问答题】

结合实际，谈谈做好预防接种协助工作应注意哪些问题？

【答题思路】

做好接种前的准备工作→与医生、教师积极配合→安慰婴幼儿，保证预防接种的秩序→密切关注婴幼儿的身体状况。

【解答】

参考答案：

（1）做好接种前的准备工作。

（2）与医生、教师积极配合。

（3）安慰婴幼儿，保证预防接种的秩序。婴幼儿害怕打针是正常的，保育员应尽量转移婴幼儿对恐惧的注意力，轻松地与婴幼儿说话、游戏，及时鼓励每个孩子的勇敢表现，帮助婴幼儿顺利度过这一关。此外，保育员应组织好接种结束的婴幼儿，使其迅速离开医务室。

（4）预防接种后应密切关注婴幼儿的身体状况，发现异常，及时送医务室。

考核要点10——照料体弱儿进餐的基本原则及具体工作方法

重点掌握

◇照顾体弱儿具体工作方法及原则。

失分点

◇进餐过程中易出现的失误。

◇如何照顾体弱儿。

【训练1：填空题】

1. 照顾体弱儿进餐工作的正确字母顺序是：______。

A. 调整提供膳食

B. 细致观察营养不良婴幼儿

C. 分析营养不良婴幼儿进餐的特点

D. 督促婴幼儿专心进餐

【答题思路】

照顾体弱儿进餐的工作步骤：细致观察营养不良婴幼儿→分析营养不良婴幼儿进餐的特点→调整提供膳食→督促婴幼儿专心进餐。

【解答】

答案：B—C—A—D

2. 营养不良常是由于患有急慢性感染或________不当，或________不合理，或有不良的饮食习惯等造成的。

【答题思路】

营养不良常是由于患有急慢性感染或喂养不当，或膳食选配不合理，或有不良的饮食习惯等造成的。

【解答】

答案：喂养　膳食选配

3. 对营养不良的幼儿要注意膳食营养搭配均衡，且________，符合幼儿的________。

【答题思路】

对营养不良的幼儿要注意膳食营养搭配均衡，且搭配合理，符合幼儿的接受特点。

【解答】

答案：搭配合理　接受特点

【训练 2：问答题】

1. 照顾体弱儿进餐的基本原则是什么？

【答题思路】

区分体弱儿与正常儿→根据体弱儿的特点进行个别照顾→循序渐进地养成体弱儿的良好饮食习惯→照顾体弱儿的进餐需要，但不强迫体弱儿进餐。

【解答】

参考答案：保育员在婴幼儿进餐过程中，除了要做好婴幼儿进餐的准备工作和照顾好全体婴幼儿外，还应对个别婴幼儿进行照顾。接受个别照顾的婴幼儿多为体弱儿和有不良进餐习惯的婴幼儿。保育员对这类婴幼儿进行个别照顾的原则有以下几点。

（1）区分体弱儿与正常儿。保育员在平时的工作中，应注意观察并及时与保健医生和家长联系，准确做好观察记录，确定体弱儿的名单。

（2）根据体弱儿的特点进行个别照顾。保育员应记录体弱儿的症状、食欲、进餐量、进餐的速度及对食物的喜好，以便在保健医生的指导下，为体弱儿制订适宜的膳食计划和个别指导方法。

（3）循序渐进地养成体弱儿的良好饮食习惯。

（4）照顾体弱儿的进餐需要，但不强迫体弱儿进餐。

2. 结合实际谈谈如何照顾反复感染疾病的体弱儿。

【答题思路】

掌握婴幼儿的进食量，以八成饱为宜，不可过量或过少。患儿没有食欲不可强求。患儿的饭应该做到饮食有营养、易消化，以流质、半流质为主。

【解答】

参考答案：反复感染疾病的体弱儿具体表现为抵抗力差，在 3 个月内反复感染疾病。对于处于疾病感染期间的婴幼儿和恢复期带药来园的婴幼儿，保育员应注意的内容如下。

（1）掌握婴幼儿的进食量，以八成饱为宜，不可过量或过少。

（2）患儿没有食欲不可强求。

（3）患儿的饭应该做到饮食有营养、易消化，以流质、半流质为主。

3. 对患营养不良症婴幼儿应怎样照顾？

【答题思路】

营养不良的原因→制作专门膳食→对婴幼儿进行细致观察→调整婴幼儿进餐状况。

【解答】

参考答案：照顾患营养不良症婴幼儿应做到以下事项。

（1）为婴幼儿制作专门的膳食，膳食的营养要均衡且搭配合理，符合婴幼儿的接受特点。

（2）对营养不良的婴幼儿要进行细致的观察，发现他们的进食特点以及对食物的喜好等。

（3）根据婴幼儿特点，调整婴幼儿进餐的状况，使所提供的膳食既营养全面又迎合婴幼儿喜好，督促婴幼儿专心进餐，逐渐增加食量，改善身体状况。

考核要点 11——照顾肥胖儿进餐的具体工作方法

重点掌握

◇照顾肥胖儿的具体方法。

失分点

◇进餐过程中易出现的失误。

◇如何照顾肥胖儿。

【训练 1：填空题】

保育员对肥胖儿的照顾应注意：限制________，控制________，家、园互相配合。

【答题思路】

保育员对肥胖儿的照顾应注意：限制进食量，控制进餐速度，家、园互相配合。

【解答】

答案：进食量　进餐速度

【训练 2：问答题】

分析下面的案例。

肥胖儿彭彭每天吃得快、吃得多，被保育员陈某选为小朋友学习的榜样。一天，进餐时，陈某说："看，彭彭又举手要添饭了。"陈某特意把给彭彭盛的饭压了又压，装得满满实实的，还给他加了两块红烧肉。

请结合案例分析判断保育员陈某的做法正确吗？谈谈在幼儿园中，保育员应如何照顾肥胖儿的膳食。

【答题思路】

判断正误→幼儿减肥的原则→照顾肥胖儿膳食的注意事项。

【解答】

参考答案：保育员的做法不正确。

对肥胖儿的照顾应侧重于帮他们减肥，幼儿减肥的原则是：在保证幼儿生长发育所需的膳食营养平衡的基础上，控制脂肪和糖的摄入量。对肥胖儿的照顾应注意以下几点。

（1）限制进食量。进餐时应在满足幼儿基本营养及生长发育需要的前提下，适当限制肥胖儿的食量。当肥胖儿要求添饭时，应给予体积大、热量低的食物，多给蔬菜，尽量少添加主食。

（2）控制进食速度。在进餐过程中，保育员应不断提醒肥胖儿放慢咀嚼和吞咽的速度，要求他们细嚼慢咽，一定要咀嚼细碎后再吞咽。

（3）家、园相互配合。保育员应与家长配合，使肥胖儿在园内和家庭中都能按照科学的原则调整膳食，经常鼓励并树立家长对肥胖儿减肥的信心，持之以恒。

考核要点12——培养婴幼儿文明进餐习惯的工作程序、相关知识及注意事项

重点掌握

◇文明进餐习惯培养的具体方法。

失分点

◇工作过程中的某些失误。

【训练1：填空题】

1. 保育员应培养幼儿________、________洗手的良好卫生习惯。

【答题思路】

保育员应培养幼儿饭前饭后、便前便后洗手的良好卫生习惯。

【解答】

答案：饭前饭后　便前便后

2. 培养婴幼儿文明的进餐习惯应________，要不断地予以提醒和纠正，不能操之过急，并注意文明进餐习惯的培养不应以影响________为代价。

【答题思路】

培养婴幼儿文明的进餐习惯应循序渐进，要不断地给予提醒和纠正，不能操之过急，并注意文明进餐习惯的培养不应以影响食欲为代价。

【解答】

答案：循序渐进　食欲

3. 婴幼儿进餐定时、________可以帮助婴幼儿形成进餐与进餐环境的________，养成良好的进餐习惯。

【答题思路】

婴幼儿进餐定时、定位可以帮助婴幼儿形成进餐与进餐环境的神经联系，养成良好的进餐习惯。

【解答】

答案：定位　神经联系

4. 婴幼儿进餐的习惯和心理，在很大程度上受成人对他们的________和________的影响。

【答题思路】

婴幼儿进餐的习惯和心理，在很大程度上受成人对他们的饮食态度和喂食方法的影响。

【解答】

答案：饮食态度　喂食方法

5. 婴幼儿的口味________成人，他们更喜欢吃________，喜欢吃________的食物，不喜欢吃________食物，不喜欢吃________的食物，不喜欢吃有________的食物。这些特点为成人组织婴幼儿膳食提供了帮助。

【答题思路】

婴幼儿的口味不同于成人，他们更喜欢吃甜食，喜欢吃味道纯正的食物，不喜欢吃杂味食物，不喜欢吃过冷过热的食物，不喜欢吃有刺激性的食物。这些特点为成人组织婴幼儿膳食提供了帮助。

【解答】

答案：不同于　甜食　味道纯正　杂味　过冷过热　刺激性

6. 如果婴幼儿食欲下降，成人切不可不分青红皂白地________他们进食。如果成人要纠正婴幼儿________的习惯，应耐心地、________地使他们逐渐产生对食物的好感，________是不可取的。

【答题思路】

如果婴幼儿食欲下降，成人切不可不分青红皂白地强迫他们进食。如果成人要纠正婴幼儿偏食的习惯，应耐心地、循序渐进地使他们逐渐产生对食物的好感，操之过急是不可取的。

【解答】

答案：强迫　偏食　循序渐进　操之过急

【训练 2：问答题】

1. 如何培养婴幼儿文明进餐的习惯？

【答题思路】

进餐定时和定位→饮食定量→专心进餐→不偏食→注意饮食卫生→学习餐桌文明。

【解答】

参考答案：婴幼儿进餐习惯的培养需要较长的过程，需要成人反复地提醒和纠正，保育员在这里起着重要的作用。日常工作中，保育员应注意按以下步骤进行。

(1) 进餐定时和定位。进餐定时、定位可以帮助婴幼儿形成进餐与进餐环境的神经联系，养成良好的进餐习惯。

(2) 饮食定量。保育员应培养婴幼儿饮食有节制的习惯，防止婴幼儿出现喜欢的食物就贪食，不喜欢的食物就拒食的现象。

(3) 专心进餐。婴幼儿的进餐应该是情绪愉快、平静、注意力集中的进餐，任何与进餐无关的活动都会影响婴幼儿的食欲。

(4) 不偏食。婴幼儿时期是口味偏爱形成的关键时期，偏食往往受到家庭环境的影响。家庭中习惯摄取的食物、制作膳食的滋味会形成婴幼儿最初口味的接受范围。另外，父母关于食物的言谈、态度和行为，也会影响婴幼儿对食物的接受。而且，婴幼儿挑食，成人迁就，会助长婴幼儿挑食、偏食的习惯。因此，家长应尽量为婴幼儿树立好的榜样，广泛摄取食物，培养婴幼儿杂食的好习惯。

(5) 注意饮食卫生。保育员应注意培养婴幼儿饭前饭后、便前便后洗手，饭后漱口刷牙，吃饭时尽量做到不撒饭、不剩饭、不浪费粮食，不吃不清洁、不新鲜、腐烂变质的食物，不喝生水，不捡食地上物品的习惯。

(6) 学习餐桌文明。保育员应注意婴幼儿进餐文明习惯的培养：细嚼慢咽，咀嚼和喝汤不出声；正确使用餐具，不用手抓；餐具相互碰撞不应发出过大的响声，不敲碗筷；夹菜不挑挑拣拣；餐桌上应礼让，不应独占好吃的食物等。

2. 如何培养婴幼儿杂食的好习惯？

【答题思路】与【解答】

参考答案：偏食会造成营养不良，因为没有任何一种食物能为婴幼儿提供全面的营养，只有培养婴幼儿杂食、不偏食，才能有助于婴幼儿获得全面的营养。因此，使婴幼儿接受各种口味对营养的全面摄取十分重要。

婴幼儿时期是口味偏爱形成的关键时期，偏食往往受到家庭环境的影响。家庭中习惯摄取的食物、制作膳食的滋味会形成婴幼儿最初口味的接受范围。另外，父母关于食物的言谈、态度和行为，也会影响婴幼儿对食物的接受。而且，婴幼儿挑食，成人迁就，会助长婴幼儿挑食、偏食的习惯。

因此，家长应尽量为婴幼儿树立好的榜样，广泛摄取食物，培养婴幼儿杂食的好习惯。

3. 培养婴幼儿文明进餐习惯的注意事项有哪些？

【答题思路】

文明进餐习惯的内容→不强迫婴幼儿进餐→培养文明进餐的习惯。

【解答】

参考答案：培养婴幼儿文明进餐习惯的注意事项如下。

(1) 家长应为婴幼儿树立好的榜样。

(2) 保育员和家长都应注意，进餐习惯的培养应循序渐进，要不断地予以提醒和纠正，不能操之过急，更不能要求婴幼儿经过一顿饭的教育就形成文明的进餐习惯。

(3) 切记文明进餐习惯的培养，不能以影响婴幼儿食欲为代价。

考核要点13——训练婴幼儿大小便的工作方法

重点掌握

◇训练婴儿大小便的工作方法。

◇培养婴幼儿良好排便习惯的工作方法。

失分点

◇大小便训练过程中出现的失误。

【训练：填空题】

1. ________是婴幼儿排尿训练的最佳时机，排尿训练的最佳季节是________。

【答题思路】

1～3岁是婴幼儿排尿训练的最佳时机，排尿训练的最佳季节是春、夏季。

【解答】

答案：1～3岁　春、夏季

2. 在训练排尿期间，应尽量保持日常生活的________和祥和，减少动荡不安和________。保育员应努力为婴儿创设一种宽松、愉快、________的气氛，减少婴儿的紧张和________，这有助于婴儿排尿习惯的形成。

【答题思路】

在训练排尿期间，应尽量保持日常生活的安定和祥和，减少动荡不安和紧张。保育员应努力为婴儿创设一种宽松、愉快、平等的气氛，减少婴儿的紧张和焦虑，这有助于婴儿排尿习惯的形成。

【解答】

答案：安定　紧张　平等　焦虑

3. 成功地训练婴儿排尿需要婴儿能意识到尿意，并能控制排尿，直至条件许可将小便排出。这需要两个条件：其一，________；其二，________。

【答题思路】

成功地训练婴儿排尿需要婴儿能意识到尿意，并能控制排尿，直至条件许可将小便排出。这需要两个条件：其一，生理的成熟；其二，心理的意愿。

【解答】

答案：生理的成熟　心理的意愿

考核要点 14——婴幼儿大小便训练的相关知识

重点掌握

◇排尿的原理及训练排尿的条件。

◇训练排尿的原则。

失分点

◇对排尿原理掌握不清楚。

【训练 1：填空题】

1. 泌尿系统由________、输尿管、________、尿道组成。

【答题思路】

泌尿系统由肾、输尿管、膀胱、尿道组成。

【解答】

答案：肾　膀胱

2. 针对婴幼儿便秘，保育员应督促婴幼儿多________，多吃________，多________，帮助婴幼儿形成良好的________。

【答题思路】

针对婴幼儿便秘，保育员应督促婴幼儿多饮水，多吃蔬菜和水果，多运动，帮助婴幼儿形成良好的排便习惯。

【解答】

答案：饮水　蔬菜和水果　运动　排便习惯

【训练 2：问答题】

简述训练婴幼儿排尿的原则。

【答题思路】

善于观察→切忌急躁→及时表扬→做好准备。

【解答】

参考答案：

（1）保育员应该善于观察，及时提醒婴幼儿坐便盆。

（2）保育员训练婴幼儿排尿，切忌急躁。

（3）婴幼儿成功排尿应及时表扬。

（4）为婴幼儿接受排尿训练做好物质和精神上的准备，包括清洁的、位置固定的便盆，合理的生活规律，充满爱的环境等。

考核要点15——培养婴幼儿良好大小便习惯的注意事项

重点掌握

◇培养婴幼儿良好大小便习惯的注意事项的具体内容。

失分点

◇不能正确对待婴幼儿大小便的失误。

【训练1：填空题】

组织婴幼儿大小便时，保育员应注意保持厕所的________，不可给婴幼儿________、唱歌，防止婴幼儿________，影响________。

【答题思路】

组织婴幼儿大小便时，保育员应注意保持厕所的安静，不可给婴幼儿讲故事、唱歌，防止婴幼儿注意力不集中，影响排便反射的形成。

【解答】

答案：安静　讲故事　注意力不集中　排便反射的形成

【训练2：问答题】

培养婴幼儿排便习惯应注意哪些问题？

【答题思路】

婴幼儿有大小便的迹象，应有条不紊地处理→组织婴幼儿大小便时，应保持厕所的安静→掌握每个婴幼儿的排便规律→正确对待婴幼儿的排便失误。

【解答】

参考答案：培养婴幼儿排便习惯应注意以下问题。

（1）发现婴幼儿有大小便的迹象，应有条不紊地处理，不可表现得过于紧张，以免影响婴幼儿排便的情绪。

（2）组织婴幼儿大小便时，保育员应注意保持厕所的安静，不可给婴幼儿讲故事、唱歌，防止婴幼儿注意力不集中，影响排便反射的形成。

(3) 掌握每个婴幼儿的排便规律，灵活做好排便的组织工作，做到不强迫、不放任。

(4) 正确对待婴幼儿的排便失误。婴幼儿学会控制排便后，会因为各种原因而出现倒退的现象，如陌生的环境、陌生的照顾人、专注于游戏、情绪低落、恐惧等，都会使婴幼儿出现排便控制失误。保育员应态度和蔼，从婴幼儿的角度出发查找原因，消除一切不利的因素，不批评、多鼓励，帮助婴幼儿形成和巩固控制排便的能力。

考核要点16——及时发现并处理婴幼儿大小便的异常

重点掌握

◇能够及时发现婴幼儿大小便的异常。

失分点

◇对婴幼儿排便情况观察不够仔细。

【训练1：填空题】

及时发现婴幼儿大小便的异常，应做到注意当日婴幼儿的________、________、________及当日的________。

【答题思路】

及时发现婴幼儿大小便的异常，应做到注意当日婴幼儿的运动量、饮食情况、饮水量及当日的气温。

【解答】

答案：运动量　饮食情况　饮水量　气温

【训练2：问答题】

谈谈日常工作中如何及时发现和处理婴幼儿大小便的异常。

【答题思路】

掌握婴幼儿正常大小便的性状→观察和记录班内婴幼儿每日的排便规律→注意当日婴幼儿的运动量、饮食情况、饮水量以及当日的气温→及时处理大小便异常。

【解答】

参考答案：及时发现婴幼儿大小便异常的工作程序如下。

(1) 掌握婴幼儿正常大小便的性状。

（2）观察和记录班内婴幼儿每日的排便规律，如大小便的次数和时间间隔。

（3）注意当日婴幼儿的运动量、饮食情况、饮水量及当日的气温。因为婴幼儿的排便量与他们的饮食情况、饮水量、当日的气温及运动量有关。饮水量大、气温低、运动量小则婴幼儿的排尿量大；相反，饮水量正常、气温高、运动量大，则排尿少。若进食量大，并保持适当的运动量，则婴幼儿的排便量会增加。

（4）及时处理大小便异常

1）婴幼儿喝水不多，而排尿次数多，同时伴有血尿、尿痛的现象，应怀疑患有泌尿系统感染，需及时请医务人员进行检查。

2）婴幼儿连续几天未排大便，说明婴幼儿便秘。保育员应督促婴幼儿多饮水、多吃蔬菜和水果、多运动，帮助婴幼儿形成良好的排便习惯。

3）婴幼儿的粪便有酸臭味，很可能是食量过大或消化不良。应教育他们少吃零食、不暴饮暴食。

4）发现婴幼儿拉稀，而且排便次数增多或大便性状异常，应送往医院诊治。

考核要点 17——组织好幼儿盥洗

重点掌握

◇如何能够独立地组织幼儿盥洗。

◇盥洗的相关知识及注意事项。

失分点

◇盥洗的准备工作不充分。

【训练：填空题】

1. 组织盥洗时，保育员应明确地向幼儿说明________，提出________。要求幼儿________，不拥挤，________，不玩水，清洗认真。

【答题思路】

组织盥洗时，保育员应明确地向幼儿说明盥洗的规则，提出盥洗的要求。要求幼儿互相谦让，不拥挤，不打闹，不玩水，清洗认真。

【解答】

答案：盥洗的规则　盥洗的要求　互相谦让　不打闹

2. 全面照顾、________、________，使盥洗这一环节既能让幼儿达到________的目的，又能对他们起到一定的________。

【答题思路】

全面照顾、及时督促、仔细检查，使盥洗这一环节既能让幼儿达到清洁自身的目的，又能对他们起到一定的教育作用。

【解答】

答案：及时督促 仔细检查 清洁自身 教育作用

考核要点18——培养婴幼儿独自入睡习惯的工作方法

重点掌握

◇培养婴幼儿独自入睡习惯的工作方法。

失分点

◇具体操作方法不明确。

【训练1：填空题】

让幼儿认识自己的床铺和寝具，是为了使幼儿对新环境产生________，这对培养幼儿的________具有很好的帮助作用。

【答题思路】

让幼儿认识自己的床铺和寝具，是为了使幼儿对新环境产生安全感，这对培养幼儿的独自入睡习惯具有很好的帮助作用。

【解答】

答案：安全感 独自入睡习惯

【训练2：问答题】

分析下面的案例。

插班生茜茜，抱着小布熊在活动室里坐着，不肯到寝室午睡。保育员陈某安顿好其他孩子后走过来，牵着茜茜的手，把她带到寝室，轻轻地巡视其他小朋友，鼓励她也像同伴一样躺在床上，说："我知道，你还没试过一个人自己睡觉，那小布熊陪着你睡，好吗？阿姨也像妈妈一样坐在床边看着你。"边说边轻轻地拍着茜茜，直到她入睡。

请根据案例回答。

（1）你如何评价该案例中保育员的做法？

（2）谈谈保育员应如何培养婴幼儿良好的睡眠习惯。

【答题思路】

新入园婴幼儿睡眠困难的原因→消除新来婴幼儿对睡眠的恐惧感→帮助入睡困难的婴幼儿→允许新入园的婴幼儿带自己喜欢的物品入睡→逐步减少陪伴次数→配合其他环节进行教育。

【解答】

参考答案：

（1）该案例中保育员的做法正确。

（2）培养婴幼儿独自入睡的习惯。新入幼儿园的婴幼儿，由于不熟悉幼儿园寝室的环境，也不熟悉保育员的照顾，更加不熟悉集体形式的睡眠，加之婴幼儿在家中养成了睡眠需要人陪或哄着的习惯，常会出现睡眠困难。保育员应为婴幼儿习惯于幼儿园睡眠，进而养成好的睡眠习惯做如下的工作。

1）消除新入园婴幼儿对睡眠的恐惧感。

2）帮助入睡困难的婴幼儿。

3）允许新入园的婴幼儿带自己喜欢的物品入睡。

4）逐步减少陪伴次数。

5）配合其他环节进行教育。

考核要点 19——培养婴幼儿按时入睡和按时起床的习惯

重点掌握

◇培养婴幼儿按时入睡和按时起床的习惯。

失分点

◇睡眠前的准备工作做得不好。

【训练：问答题】

如何养成婴幼儿按时睡眠和按时起床的习惯？

【答题思路】

设定睡眠和起床的准备时间→让婴幼儿感受睡眠或起床的气氛→在睡眠准备时间内，不使婴幼儿兴奋。

【解答】

参考答案：

（1）设定睡眠和起床的准备时间，让婴幼儿从活动形式、环境、语气等的变化上感受即将睡眠或起床的气氛，做好睡眠或起床的准备。

(2) 在睡眠准备时间内，不应使婴幼儿兴奋，如不向婴幼儿展示新鲜物品等。

考核要点20——培养婴幼儿正确睡眠姿势的工作方法

重点掌握

◇如何培养婴幼儿正确的睡眠姿势。

失分点

◇不能及时发现并纠正婴幼儿的不良睡眠姿势。

【训练1：填空题】

保育员可在幼儿园一日生活的其他________，利用不同的形式如唱歌、绘画、________、________等活动，向婴幼儿说明什么是正确的睡姿和________的作用。

【答题思路】

保育员可在幼儿园一日生活的其他环节，利用不同的形式如唱歌、绘画、捏泥、讲故事等活动，向婴幼儿说明什么是正确的睡姿和正确睡姿的作用。

【解答】

答案：环节　捏泥　讲故事　正确睡姿

【训练2：问答题】

谈谈如何培养婴幼儿正确的睡眠姿势。

【答题思路】与【解答】

参考答案：保育员在组织婴幼儿睡眠中应注意他们的睡姿，教育婴幼儿不趴卧、不跪卧、不蒙头睡觉，鼓励婴幼儿侧卧或仰卧，以保证婴幼儿的睡眠质量和身体健康。同时还应在婴幼儿睡眠中做到巡视观察，及时发现、纠正婴幼儿不良的睡眠姿势。保育员可在幼儿园一日生活的其他环节，利用不同的形式如唱歌、绘画、捏泥、讲故事等活动，向婴幼儿说明什么是正确的睡姿和正确睡姿的作用。

考核要点 21——培养婴幼儿良好睡眠习惯的注意事项

重点掌握

◇培养婴幼儿良好睡眠习惯注意事项的具体内容。

失分点

◇操作过程中不能做到循序渐进。

【训练 1：填空题】

保育员应了解婴幼儿在家中睡眠的________和临时情况，以便随时调整________，以应付突发的情况。

【答题思路】

保育员应了解婴幼儿在家中睡眠的一般规律和临时情况，以便随时调整个别婴幼儿的保育策略，以应付突发的情况。

【解答】

答案：一般规律　个别婴幼儿的保育策略

【训练 2：问答题】

培养婴幼儿良好睡眠习惯的注意事项有哪些？

【答题思路】

循序渐进→家庭和幼儿园相配合→巡视观察。

【解答】

参考答案：

（1）循序渐进。婴幼儿独自入睡、按时入睡等习惯的培养，需要一个循序渐进的过程，不可操之过急。

（2）家庭和幼儿园相配合。保育员应了解婴幼儿在家庭中睡眠的一般规律和临时情况，以便随时调整个别婴幼儿的保育策略，以应付突发的情况。

（3）巡视观察。保育员在婴幼儿睡眠过程中应不断巡视，仔细观察，准确把握婴幼儿在睡眠中的身体、行为状况，及时解决出现的意外问题。相反，保育员在婴幼儿睡眠时离开寝室去睡觉、聊天等行为，都是不允许的。

考核要点 22——及时发现并正确处理婴幼儿的睡眠问题

重点掌握

◇能够及时发现婴幼儿睡眠中出现的问题。

失分点

◇发现问题处理不当或不及时。

【训练 1：填空题】

1. 睡眠时人体生长激素大量分泌，这有助于促进婴幼儿身高的________和大脑皮层的________。

【答题思路】

睡眠时人体生长激素大量分泌，这有助于促进婴幼儿身高的增长和大脑皮层的发育。

【解答】

答案：增长　发育

2. 如果午睡中婴幼儿的呼吸加快，________，小脸通红，________，保育员应立即把他们送往医务室。

【答题思路】

如果午睡中婴幼儿的呼吸加快，脉搏增加，小脸通红，体温高于正常值，保育员应立即把他们送往医务室。

【解答】

答案：脉搏增加　体温高于正常值

【训练 2：问答题】

1. 结合实际情况，谈谈如何处理婴幼儿的夜惊或梦游问题。

【答题思路】与【解答】

参考答案：保育员应及时发现婴幼儿出现的夜惊或梦游的现象，并注意声音要轻柔，不可大惊小怪，不要将婴幼儿唤醒，不要紧搂婴幼儿。对梦游的婴幼儿，保育员可以默默地守在婴幼儿的身边或牵拉他的手臂，密切注意婴幼儿的动向，防止发生意外。对夜惊的婴幼儿，保育员可轻柔地搂抱他们，轻声地安慰他们，直至婴幼儿平静下来。

2. 观看案例演示片 3 遍，答出保育员在睡眠工作中出现的工作失误中的 2 个，并答出相应的正确做法。

地点：寝室

时间：中午睡觉时间

场景：画面上时钟指示为 12:00，保育员在寝室门口组织小朋友排队，逐一摸小朋友的额头，逐一检查小朋友有无身体不适，如发烧等，之后让小朋友们安静地进入寝室。进入寝室后，多数小朋友都能找到自己的床铺安静躺下，并盖好被子。等小朋友们基本入睡后，保育员只是巡视了一圈就拿起一本书，在小朋友们床边的小椅子上坐下看了起来。

画面显示小朋友们几种不正确的睡姿，如缩成一团睡、蒙头睡、趴着睡等。一个小朋友还从衣兜里掏出一只小铃铛玩，小铃铛发出了响声，惊动了保育员。保育员快速来到这个小朋友身边，没收了这位小朋友的小玩具，并批评他说："你怎么把铃铛带进来了？下午不给你吃午点。"然后保育员回到座位上继续看书。

画面上时钟指示为 2:30，起床时间到了。保育员对小朋友们说："小朋友们起床啦，请先叠好被子再穿衣服，然后去洗脸。"于是小朋友们叠被子、穿衣服，忙忙碌碌的。保育员不断地催促小朋友们："快点儿，快点儿啊。"催促剩下的小朋友离开寝室后，保育员自己也跟着离开了寝室，寝室内多张床铺没有整理好，地上掉落了好几条毛巾。

【答题思路】

认真观看案例演示片→找出其中的错误→回答正确做法。

【解答】

参考答案：

工作失误 1：没有细心巡视、照料婴幼儿睡眠，没有及时纠正婴幼儿不良的睡眠姿势。

正确做法：保育员应认真观察婴幼儿睡眠情况，发现婴幼儿出现不良姿势要及时纠正，应做到态度和蔼，动作轻柔。

工作失误 2：保育员不应粗暴对待婴幼儿的睡眠问题。

正确做法：保育员应该告诉婴幼儿暂时帮他保管小玩具，回家的时候还给他，使婴幼儿保持轻松愉快的情绪，在良好的精神状态中入眠。

工作失误 3：不应该要求婴幼儿先叠被子再穿衣服。

正确做法：先指导婴幼儿穿衣，然后再指导婴幼儿整理床铺。

工作失误 4：保育员没有对婴幼儿整理床铺进行指导，也没对寝室做进一步的检查整理。

正确做法：保育员应指导婴幼儿用正确的方法整理床铺，并在婴幼儿离开寝室后做进一步的检查整理工作。

注意事项：

（1）保育员在婴幼儿睡眠过程中应不断巡视，仔细观察，及时发现问题。

（2）保育员对婴幼儿在睡眠中出现的突发疾病，应全力以赴地进行解决。

（3）保育员应持之以恒地纠正婴幼儿不良的睡眠习惯和睡眠中的不良行为，但应态度和蔼，切忌操之过急。

（4）保育员应做好家长的工作，了解婴幼儿的睡眠情况，共同配合，使婴幼儿养成良好的睡眠习惯，改正不良的睡眠行为，促使婴幼儿健康成长。

考核要点 23——了解教育计划和主动配合教育活动的工作程序

重点掌握

◇掌握主动配合教育活动的内容程序和方法。

失分点

◇对主动配合教育工作时应注意的问题不明确。

【训练 1：填空题】

1. 幼儿园教育计划按时间可分为：学年教育计划、学期教育计划、月计划、________、日计划、________。

【答题思路】

幼儿园教育计划按时间可分为：学年教育计划、学期教育计划、月计划、周计划、日计划、活动计划。

【解答】

答案：周计划　活动计划

2. 在幼儿园进行的各种教育活动中，保育员要认真观察孩子和教师的行为，及时了解教育________和孩子活动的需求，及时与教师________，共同搞好教育活动。

【答题思路】

在幼儿园进行的各种教育活动中，保育员要认真观察孩子和教师的行为，及时了解教育动态和孩子活动的需求，及时与教师沟通，共同搞好教育活动。

【解答】

答案：动态　沟通

3. 保育员平时应主动了解幼儿园的教育计划，明确培养方向、目标和具体的教育方法，做到心中有________眼中有________。

【答题思路】

保育员平时应主动了解幼儿园的教育计划，明确培养方向、目标和具体的教育方法，做到心中有目标眼中有孩子。

【解答】

答案：目标　孩子

【训练 2：问答题】

观看案例演示片 3 遍，答出保育员在配合音乐教育活动中出现的工作失误中的 3 个，并答出相应的正确做法。保育工作记录有哪些注意事项？

场景：随着音乐声，教师将小朋友带进教室。正在开窗户的保育员问教师应准备什么乐器。然后按教师教案去给小朋友拿，发给前排的小朋友。第二排一个小朋友在和另一个小朋友玩，没有认真听讲。一个小朋友说自己的铃鼓坏了，保育员将铃鼓放回原处并换了一个铃鼓。音乐活动结束，教师让小朋友将乐器放好，并把小朋友带出教室，小朋友抱着乐器坐在座位上，保育员也随着小朋友一起向教室外走，当后面还有四五个小朋友时，保育员已经走到了门口。

【答题思路】

做好前期教学工作→明确活动目标、内容和指导要求→具体活动中的指导→活动后的收拾整理工作。

【解答】

参考答案：

工作失误 1：幼儿来到音乐教室保育员才打开窗户通风。

正确做法：应该提前开窗通风换气一段时间，以保证室内空气清新。

工作失误 2：没有在活动前了解活动计划，按教育活动要求摆放好器材（乐器）。

正确做法：应该在每周开始时了解周教育活动目标，提前做好材料准备。

工作失误 3：没有在活动前检查材料，因为乐器不能使用影响了正常教学。

正确做法：应该在活动前做好设备材料的检查工作。

工作失误 4：将出现问题的乐器重新放回乐器架上。

正确做法：应该将坏的乐器放置在专门回收破损乐器的修理架上，并做登记。

工作失误 5：没有及时准确做好保育工作记录。

正确做法：应该根据活动的实际情况客观、及时、准确、详细填写。

工作失误 6：活动结束后没有对材料做进一步的整理还原。

正确做法：应该将使用过的乐器清点、检查，并放回原来的位置。

保育工作记录的注意事项：记录要及时准确，应客观、真实地反映儿童活动的本来面目。

考核要点 24——幼儿园教育计划的相关知识

重点掌握

◇教育工作计划的概念及内容。

失分点

◇对幼儿园教育计划的内容掌握不全面。

【训练：填空题】

1. 幼儿园教育工作计划是指教育者为实现教育的目的，根据孩子的________和需要，对学前儿童进行教育活动的________。

【答题思路】

幼儿园教育工作计划是指教育者为实现教育的目的，根据孩子的实际发展水平和需要，对学前儿童进行教育活动的规划和安排。

【解答】

答案：实际发展水平 规划和安排

2. 幼儿园的教育工作既应该按照计划的要求有条不紊地展开，同时又要根据孩子的情况和教育的需要随时________，让教育活动既有计划性又有________性。

【答题思路】

幼儿园的教育工作既应该按照计划的要求有条不紊地展开，同时又要根据孩子的情况和教育的需要随时调整计划，让教育活动既有计划性又有灵活性。

【解答】

答案：调整计划 灵活

高级

考核要点 25——指导婴幼儿游戏和教学活动常用的工作方法及程序

重点掌握

◇指导婴幼儿游戏和教学活动常用的工作方法及程序。

失分点

◇对正确指导学前儿童游戏和教学活动对婴幼儿发展的重要意义不明确。

【训练：填空题】

1. 指导婴幼儿的游戏和教学活动时，在确定了教育目标以后，应结合婴幼儿的兴趣、以往的________，以及________，选择教育的内容。

【答题思路】

指导婴幼儿的游戏和教学活动时，在确定了教育目标以后，应结合婴幼儿的兴趣、以往的知识和经验，以及发展水平，选择教育的内容。

【解答】

答案：知识和经验　发展水平

2. 指导婴幼儿的游戏和教学活动，保育员与教师、婴幼儿共同准备游戏和教学活动的材料、设备，并与婴幼儿共同讨论活动的________和________。

【答题思路】

指导婴幼儿的游戏和教学活动，保育员与教师、婴幼儿共同准备游戏和教学活动的材料、设备，并与婴幼儿共同讨论活动的规则和注意事项。

【解答】

答案：规则　注意事项

3. 受婴幼儿学习特点的影响，幼儿园教育形式不能过于单一，而应是________的综合，以满足婴幼儿________。

【答题思路】

受婴幼儿学习特点的影响，幼儿园教育形式不能过于单一，而应是多种形式的综合，以满足婴幼儿活动的需要。

【解答】

答案：多种形式　活动的需要

4. 请将确定教育目标具体做法进行排序，按顺序写出字母序号：______。

A. 将《幼儿园教育指导纲要》的要求与本班婴幼儿的发展情况进行对照

B. 观察婴幼儿的行为表现，了解他们的发展情况

C. 根据对照的结果确定教育的目标

【答题思路】

确定教育目标具体做法的顺序：观察婴幼儿的行为表现，了解他们的发展情况；将《幼儿园教育指导纲要》的要求与本班婴幼儿的发展情况进行对照；根据对照的结果确定教育的目标。

【解答】

答案：B—A—C

考核要点 26——指导婴幼儿游戏和教学活动的注意事项

重点掌握

◇指导婴幼儿游戏和教学活动的注意事项。

失分点

◇不能正确地评价婴幼儿。

【训练 1：问答题】

1. 观看案例演示片 3 遍，答出保育员在配合、参与、指导幼儿室内游戏活动中出现的工作失误中的 2 个，并答出相应的正确做法。保育员指导个别婴幼儿参与活动有哪些注意事项？

地点：活动室

场景：有个小朋友自己拿着布娃娃在玩，保育员走过来看着他，指责小朋友把娃娃抱反了，说："没有这样玩的。你把娃娃脸盖住了，闷死了。打娃娃，不会当爸爸啊？"还告诫小朋友说："不想玩就放下！"然后就走开了。保育员坐到搭积木的小朋友旁边，要求他坐起来玩，摆好看一点。保育员示范，然后让小朋友注意看，说："连个积木都不会摆。"保育员让小朋友去找积木。这时有两个小朋友追跑着在抢变形金刚玩具，保育员过来问怎么回事，然后劝其中一个小朋友把玩具让给另一个小朋友玩，这个小朋友很生气地走开了。

【答题思路】

认真观看案例演示片→找出片中的错误→回答出正确做法→回答出指导个别婴幼

儿参与活动的注意事项。

【解答】

参考答案：

工作失误1：保育员观察到婴幼儿在“娃娃家”游戏中的错误行为，但并没有给予正确、及时、有效的教育指导。

正确做法：(1) 保育员应在参与婴幼儿具体的某项活动前，与本班教师进行充分的沟通，了解本次活动的具体教学目标，掌握幼儿通过活动在发展方面应该达到的水平，以及在指导婴幼儿活动过程中应该注意的问题。(2) 保育员可以以长辈的身份进入游戏，通过轻手轻脚地抱“孩子”，轻言轻语地与“孩子”说话等行为，给婴幼儿做出良好的榜样，帮助婴幼儿理解所扮演角色的责任和行为。

工作失误2：保育员在对搭积木的婴幼儿进行指导和帮助时，时机没有掌握好，客观上干扰了孩子的活动。

正确做法：在不去干扰婴幼儿活动的情况下，给婴幼儿机会自己去尝试，让其在重复搭建的过程中锻炼搭积木的技能，并感受到搭积木的快乐。

工作失误3：保育员不恰当地处理婴幼儿争执事件，在婴幼儿发生争吵的时候充当了“裁判员”的角色。这种做法，容易使婴幼儿养成过分依赖的毛病，稍有小事就找保育员。

正确做法：保育员应该对婴幼儿说：“老师相信你们能够想到一个好办法来解决这个问题，你们想想应该怎么处理比较好呢。”给他们创造依靠自己的能力解决问题的机会，从而锻炼婴幼儿独自解决问题的能力。

保育员指导个别婴幼儿参与活动的注意事项：(1) 尊重和信任婴幼儿；(2) 掌握与婴幼儿交往的正确方法；(3) 注意用体态语言与婴幼儿交流。

2. 观看案例演示片3遍，答出保育员在配合美术教育活动中出现的工作失误中的3个，并答出相应的正确做法。美术活动后应如何处理幼儿的作品？

场景：小朋友在上美术课，教师巡视，保育员从外面走进来。一个小朋友从颜料盘中抓起一些糨糊在手上擦，并在画上、桌子上擦。有的小朋友趴在桌子上画画，有的小朋友大把攥着笔画画，有的把画放在腿上面，有的站着画画。保育员拿毛巾过来每张桌子发一块。看到一个小朋友的画，问：“画的是什么？”小朋友说是兔子。保育员说：“我怎么看都不像兔子，我帮你画一只兔子。”画完后，保育员就走开了。教师宣布画画结束，带小朋友去厕所洗手。小朋友随手将东西放在桌子上走出教室，保育员走在后面。最后一个小朋友跟在保育员的后面走出去。桌上毛巾、颜料、小朋友的画，杂乱地摆放着，有的颜料放在椅子上，地上也有画画的垃圾、颜料、倒下的椅子。

【答题思路】

做好前期教学工作→明确活动目标、内容和指导要求→具体活动中的指导→活动后的收拾整理工作。

【解答】

参考答案：

工作失误1：保育员没有协助教师做好美术教育活动前的教具和材料的准备，活动开始后才发擦手的毛巾。

正确做法：应该在活动前就将纸、笔、糨糊、擦手布等材料准备好。

工作失误2：保育员没有对幼儿不正确的坐姿和握笔姿势做个别提醒辅导。

正确做法：应该在活动中提醒幼儿保持正确的姿势，如果提醒后幼儿仍无改正，保育员应做个别辅导，甚至是示范。

工作失误3：保育员以“像不像”来评价幼儿的美术活动，还代替幼儿画画，这样打击和压抑了幼儿的积极性，不符合艺术教育的原则要求。

正确做法：应该注意鼓励幼儿绘画的积极性、主动性，对幼儿可以进行一些示范帮助，但不能替代。

工作失误4：保育员没有指导幼儿对活动的场地，活动中使用的工具、材料等进行初步的收拾和整理。

正确做法：应在教师发出活动结束的指令后，与幼儿和教师一起收拾和整理活动中使用的工具和材料。

工作失误5：保育员让幼儿把手工作品随意放在课桌上，没有归类、整理。

正确做法：应及时把幼儿在活动中的作品，特别是有保留价值的作品进行归类、整理，标上日期、姓名，收到档案盒中。

工作失误6：教师与幼儿离开活动室后，保育员没有做好活动场地的清洁卫生工作。

正确做法：应在教育活动结束后，认真仔细地做好活动场地的进一步清洁卫生工作。

美术活动后幼儿作品的处理：美术活动后，应将幼儿的作品进行归类、整理，标上日期，收到档案盒中，以便日后查阅。

【训练2：实际操作题】根据儿歌创作水彩画

1. 考核要求

考生能熟悉绘制幼儿水彩画的工作要求，按照正确的方法和顺序进行绘画，掌握绘制水彩画的基本步骤和要点。

2. 准备工作

着装整齐、得体，带好彩笔、铅笔、橡皮等必需品。

3. 考核时限

完成该考题操作基本时间为 30 分钟，每超过 1 分钟从本题总分中扣除 5%，操作时间超过 30 分钟本题为 0 分。

【答题思路】

准备工作→理解儿歌内容→构图技巧→造型→整体效果→色彩搭配→作品构思→清理现场。

【操作步骤】

步骤 1　操作前准备

服装合乎要求，准备彩笔、铅笔、橡皮等必需品。

步骤 2　理解儿歌内容

准确地理解所给儿歌内容与要求，要求主题突出，意境明确。

步骤 3　构图技巧

要求有一定的构图技巧。

步骤 4　造型

造型准确，选型生动。

步骤 5　整体效果

画面要求整洁，整体效果完整。

步骤 6　色彩搭配

色彩搭配要求合理，能较好地运用冷暖色调搭配。

步骤 7　作品构思

作品要求构思新颖，有一定的特色。

步骤 8　清理现场

作品完成之后，将材料及用具收拾、整理好，放到规定的地方待用。

【评分项目及标准】

根据儿歌创作水彩画评分项目及标准

评分项目	评分要点	配分	评分标准及扣分
准备工作	着装整齐、得体	1	仪表整洁，合乎要求。1分 奇装异服，留长指甲，扣0.5分
	带好彩笔、铅笔、橡皮等必需品	1	彩笔、铅笔、橡皮等必需品齐全。1分 用品不齐，扣0.5分
理解儿歌内容	能准确理解所给儿歌内容与要求，主题突出，意境明确	1	理解错误不得分，理解不准确扣0.5分
构图技巧	能较好地运用透视、构成等形式法则，有一定的构图技巧	1	透视感差扣0.5分
		1	缺乏美感扣0.5分
造型	造型准确，选型生动	1	造型不准确扣0.5分
		1	选型不生动扣0.5分
整体效果	画面整洁，整体效果完整	1	画面模糊扣0.5分
		1	整体效果乱扣0.5分
色彩搭配	色彩搭配合理，能较好地运用冷暖色调	1	色彩搭配不合理扣0.5分
		1	不能较好地运用冷暖色调扣0.5分
作品构思	作品构思新颖，有一定的特色	1	作品构思呆板扣0.5分
		1	没有特色扣0.5分
清理现场	将材料及用具放到规定的地方待用	1	材料及用具未放到指定的地方不得分，放置不当扣0.5分
合计		14	

考核要点27——解决婴幼儿在游戏和教学中常出现的问题的方法和工作程序

重点掌握

◇解决婴幼儿在游戏和教学中常出现的问题的方法和工作程序。

失分点

◇对婴幼儿在游戏和教学活动中出现的问题不了解。

【训练：问答题】

结合实际工作谈谈保育员应如何解决婴幼儿在游戏和教学活动中出现的问题。

【答题思路】

认真观察和了解→正确分析和认识→采用正确的方式与婴幼儿交往→充分利用解决问题的时机对孩子进行教育→加强家、园共同教育。

【解答】

参考答案：婴幼儿在游戏和教学中经常会出现很多问题，有些是由于婴幼儿年龄特点和孩子个性特点决定的，有些则是由于教育的方法不当和活动本身存在问题造成的。保育员每天都要遇到很多这样的问题，一定要树立良好的教育观念，用科学和正确的态度处理婴幼儿在游戏和教学活动中出现的问题。解决在游戏和教学活动中出现的问题的工作程序如下。

（1）认真观察和了解婴幼儿的行为，正确分析和认识在游戏和教学中出现的问题。

（2）采用正确的方式与婴幼儿交往，充分利用解决问题的时机对孩子进行教育。

（3）相信孩子的能力，给孩子留有依靠自己的力量解决问题的机会。

（4）加强家、园联系，统一教育策略。

考核要点28——解决婴幼儿在游戏和教学中出现问题的注意事项

重点掌握

◇解决婴幼儿在游戏和教学中出现问题的注意事项的具体内容。

失分点

◇解决问题的方式不能做到因人而异。

【训练1：填空题】

1. 高级保育员在配合室内教育活动时，应主动了解教师的________，主动配合教育活动；独立地指导婴幼儿的________活动；根据实际情况独立和正确地解决在游戏和教育活动中出现的问题。

【答题思路】

高级保育员在配合室内教育活动时，应主动了解教师的教育计划，主动配合教育活动；独立地指导婴幼儿的游戏和教育活动；根据实际情况独立和正确地解决在游戏和教育活动中出现的问题。

【解答】

答案：教育计划　游戏和教育

2. 在配合室内教育活动的工作中，中级保育员的工作内容包括：参与婴幼儿的部分游戏和教学活动，总结________，制作玩具和教具，指导个别婴幼儿________。

【答题思路】

在配合室内教育活动的工作中，中级保育员的工作内容包括：参与婴幼儿的部分游戏和教学活动，总结保育工作，制作玩具和教具，指导个别婴幼儿参与活动。

【解答】

答案：保育工作　参与活动

【训练 2：问答题】

指导婴幼儿游戏和教学活动应注意哪些问题？

【答题思路】

重视观察在指导婴幼儿活动中的作用，要处理好有指导的活动与婴幼儿自由活动之间的关系，根据婴幼儿不同的特点和需要给予恰当的指导，培养婴幼儿初步的感受美和表达美的能力。

【解答】

参考答案：

(1) 重视观察在指导婴幼儿活动中的作用。

(2) 要处理好有指导的活动与婴幼儿自由活动之间的关系。

(3) 在活动中要注意关注每一个婴幼儿的活动情况，并根据婴幼儿不同的特点和需要给予恰当的指导。

(4) 注意与婴幼儿建立和谐的师生关系，使婴幼儿愿意接受保育员的指导。

(5) 在艺术教育活动中，保育员应明确，幼儿园艺术教育的目的是通过让婴幼儿从事自己喜欢的艺术活动，培养婴幼儿初步的感受美和表达美的能力，而不是早期的某种艺术技能的训练。

考核要点 29——配合室外教育活动的工作程序及相关知识

重点掌握

◇独立组织户外活动的程序和工作方法。

失分点

◇对独立组织户外活动时应注意的问题不明确。

【训练 1：填空题】

1. 配合室外教育活动工作程序的正确字母顺序为：________。

A. 根据计划组织并参与婴幼儿的活动，注意观察婴幼儿的活动状况

B. 根据活动和婴幼儿的需要准备场地和设备，并检查其安全性。检查婴幼儿的衣着鞋帽是否符合活动的要求

C. 活动中要做到动静交替，随时调整婴幼儿的活动量

D. 活动快结束时发出将要结束活动的指令。结束活动并与婴幼儿一起收拾整理活动的场地和材料、设备。对活动的情况进行小结

【答题思路】

配合室外教育活动工作程序的顺序：根据活动和婴幼儿的需要准备场地和设备，并检查其安全性。检查婴幼儿的衣着鞋帽是否符合活动的要求。根据计划组织并参与婴幼儿的活动，注意观察婴幼儿的活动状况。活动中要做到动静交替，随时调整婴幼儿的活动量。活动快结束时发出将要结束活动的指令。结束活动并与婴幼儿一起收拾整理活动的场地和材料、设备。对活动的情况进行小结。

【解答】

答案：B—A—C—D

2. 在室外教育活动中要做到动静交替，随时调整婴幼儿的________，使孩子既能充分活动，又不至于过分________。

【答题思路】

在室外教育活动中要做到动静交替，随时调整婴幼儿的活动量，使孩子既能充分活动，又不至于过分疲劳。

【解答】

答案：活动量 疲劳

3. 在活动中特别是在________中要注意婴幼儿的安全，防止他们因________而

出现安全问题。

【答题思路】

在活动中特别是在自由活动中要注意婴幼儿的安全，防止他们因过分激动而出现安全问题。

【解答】

答案：自由活动　过分激动

4. 保育员应根据计划组织并参与婴幼儿的活动，在活动中注意观察婴幼儿的________，特别是体弱儿、患病儿和________的情况，发现问题及时解决。

【答题思路】

保育员应根据计划组织并参与婴幼儿的活动，在活动中注意观察婴幼儿的活动状况，特别是体弱儿、患病儿和个别儿童的情况，发现问题及时解决。

【解答】

答案：活动状况　个别儿童

5. 保育员配合室外教育活动，活动结束后与婴幼儿一起收拾整理活动的________，并对活动的情况进行________。

【答题思路】

保育员配合室外教育活动，活动结束后与婴幼儿一起收拾整理活动的场地和材料设备，并对活动的情况进行小结。

【解答】

答案：场地和材料设备　小结

6. 要保证婴幼儿户外活动的时间，每天户外活动的时间不得少于________小时。应该把户外活动看成是婴幼儿全面发展的重要组成部分，在完成锻炼身体目标的同时，也要完成________的目标。

【答题思路】

要保证婴幼儿户外活动的时间，每天户外活动的时间不得少于 2 小时。应该把户外活动看成是婴幼儿全面发展的重要组成部分，在完成锻炼身体目标的同时，也要完成其他领域的目标。

【解答】

答案：2　其他领域

7. 教师、保育员和家长共同制作玩具，在制作过程中，家长了解了玩具对婴幼儿发展的意义和________，制作玩具的过程成为教师、保育员和家长互相合作和________的过程。

【答题思路】

教师、保育员和家长共同制作玩具，在制作过程中，家长了解了玩具对婴幼儿发展的意义和作用，制作玩具的过程成为教师、保育员和家长互相合作和交流的过程。

【解答】

答案：作用　交流

8. 保育员在与婴幼儿交往的过程中应做到：热爱和________婴幼儿，以平等的态度对待孩子；支持婴幼儿活动的想法，想方设法地为他们创造________；以积极的态度与婴幼儿交往，应该始终让孩子感到保育员是爱他的。

【答题思路】

保育员在与婴幼儿交往的过程中应做到：热爱和尊重婴幼儿，以平等的态度对待孩子；支持婴幼儿活动的想法，想方设法地为他们创造活动的条件；以积极的态度与婴幼儿交往，应该始终让孩子感到保育员是爱他的。

【解答】

答案：尊重　活动的条件

9. 幼儿园保育员的主要职责之一是：负责本班房舍、________、________的清洁工作。

【答题思路】

幼儿园保育员的主要职责之一是：负责本班房舍、设备、环境的清洁工作。

【解答】

答案：设备　环境

10. 幼儿园保育员的主要职责之一是：在教师指导下，管理________并配合本班教师组织________。

【答题思路】

幼儿园保育员的主要职责之一是：在教师指导下，管理幼儿生活并配合本班教师组织教育活动。

【解答】

答案：幼儿生活　教育活动

【训练 2：问答题】

1. 观看案例演示片 3 遍，答出保育员在配合户外游戏活动中出现的工作失误中的 3 个，并指出相应的正确做法。保育员照顾体弱儿有哪些注意事项？

场景：保育员带小朋友到户外活动，小朋友各自散乱地跑向活动区域，在组合滑梯上各玩各的。其中有两个小朋友在滑梯上互相挤着由下向上爬。一个小朋友不敢在吊桩上往前走，保育员说："不敢走啊，那老师抱你下来，不玩了。"小朋友们玩得满头大汗，其中有几个小朋友撩起衣服擦汗，扇风。一个小朋友坐在旁边，闷闷不乐地独自抠手中的小玩具玩，保育员则站在旁边不远处和别的教师聊天。

【答题思路】

提醒幼儿遵守活动规则→检查幼儿衣服和鞋袜→及时了解幼儿的需要和求助→给体弱儿充分的鼓励和锻炼机会→照顾体弱儿的注意事项。

【解答】

参考答案：

工作失误1：保育员在活动时没有及时提醒幼儿遵守活动规则。

正确做法：保育员在活动时应及时提醒幼儿遵守活动规则。

工作失误2：保育员没有帮助幼儿检查衣服和鞋袜，没有检查幼儿衣服里是否有异物。

正确做法：保育员应帮助幼儿检查衣服和鞋袜，应检查幼儿衣服里是否有异物。

工作失误3：保育员没有为幼儿每人准备一条擦汗巾，没有根据幼儿的活动情况提醒、帮助幼儿减脱衣服、擦汗。

正确做法：保育员应为幼儿每人准备一条擦汗巾，要专人专用，应根据幼儿的活动情况提醒、帮助幼儿减脱衣服、擦汗。

工作失误4：保育员在活动中没有及时了解幼儿的需要和求助，适时地给予保护照料、帮助指导。

正确做法：保育员在活动中应及时了解幼儿的需要和求助，适时地给予保护照料、帮助指导。

工作失误5：保育员没有给体弱儿充分的鼓励和锻炼机会。

正确做法：保育员应给体弱儿充分的鼓励和锻炼机会。

保育员照顾体弱儿应遵循以下注意事项。

（1）对体弱儿的照顾和护理，应该格外细致、精心。

（2）平时应加强体弱儿的身体锻炼，增强其抵抗力。

（3）注意与家庭教育的配合。

2. 观看案例演示片3遍，答出保育员在配合户外体育活动中出现的工作失误中的3个，并答出相应的正确做法。配合室外教育活动，保育员给婴幼儿增减衣物有哪些注意事项？

时间：户外体育活动时间

地点：操场

场景：体育活动开始，幼儿在室外进行平衡和跑步的游戏活动。平衡木下面没有放置海绵垫子，小朋友从平衡木上快步走过后，地上飞起一片纸片，活动中平衡木有点不平稳。

在做平衡游戏的时候，保育员在旁边观看，没有对幼儿进行保护，有一个个子较小的幼儿小心翼翼地走到平衡木的尽头时不敢往下跳，左顾右盼，面有难色，保育员仍坐在旁边说："没关系的，大胆往下跳。"于是这个幼儿跳下了平衡木，继续往前跑。

幼儿活动持续进行，有的幼儿的衣服松散，有的没有扣纽扣，有的鞋带没系好，在跑步的游戏过程中就松开了。

活动将近结束时，有些幼儿满头大汗，满脸通红，有的撩起衣服就擦汗，有的幼儿分别用两只胳膊抹脸上的汗。

教师宣布游戏活动结束后，让部分幼儿把活动器材放回原来的地方，几个幼儿跑过去搬平衡木，保育员没看着，也没加以指导。搬平衡木时，有个小朋友险些被绊倒。平衡木搬走了，还落下一个底座。

【答题思路】

认真观看案例演示片→找出片中的错误→回答出正确做法→回答出保育员给婴幼儿增减衣物的注意事项。

【解答】

参考答案：

工作失误1：保育员在活动前没有将活动场地清理干净，没有准备好护垫。

正确做法：应在活动前了解清楚活动所需要的场地、设备和材料的基本要求，并做好初步的检查准备工作。

工作失误2：保育员没有帮助婴幼儿检查衣服和鞋袜，也没有提醒、帮助婴幼儿减脱衣服、擦汗。

正确做法：保育员应该帮助婴幼儿检查衣服和鞋袜，并及时根据婴幼儿的活动情况提醒、帮助婴幼儿减脱衣服、擦汗。

工作失误3：保育员没有为婴幼儿每人准备一条擦汗巾。

正确做法：为婴幼儿每人准备一条擦汗毛巾，而且擦汗巾要专人专用。

工作失误4：保育员在活动中没有及时了解婴幼儿的需要和求助，适时地给予照料、帮助指导。

正确做法：保育员在活动中应及时了解婴幼儿的需要和求助，适时地给予帮助和指导。

工作失误5：活动结束后，保育员没有帮助婴幼儿整理衣物和协助婴幼儿收拾、整理活动器材。

正确做法：保育员应该帮助婴幼儿整理好衣物，并协助、指导婴幼儿收拾、整理好活动器材。

配合室外教育活动，保育员给婴幼儿增减衣服的注意事项：(1) 在婴幼儿户外活动前，保育员要根据气温和活动内容为婴幼儿准备户外活动服装。(2) 在活动中注意观察体弱儿和肥胖儿的情况，根据婴幼儿的活动情况为其增减衣服。

考核要点30——创设良好教育活动环境的工作程序及注意事项

重点掌握

◇明确良好的环境对学前儿童发展的重大意义。

失分点

◇对创设幼儿园环境应注意的问题不明确。

【训练1：填空题】

保育员应善于创设自由、宽松、和谐、安全的精神环境，让孩子们在这样的环境中大胆________，积极自由________，获得发展。

【答题思路】

保育员应善于创设自由、宽松、和谐、安全的精神环境，让孩子们在这样的环境中大胆尝试，积极自由探索，获得发展。

【解答】

答案：尝试 探索

【训练2：问答题】

1. 结合实际工作，谈谈保育员如何创设良好的教育活动环境。

【答题思路】

根据计划要求和婴幼儿的实际情况创设环境；与教师、家长、婴幼儿共同积累和选择合适的材料制作玩具和教具；与教师和婴幼儿共同布置环境；创设自由、宽松、和谐、安全的精神环境。

【解答】

参考答案：环境和操作材料是婴幼儿发展的必要条件，良好的环境和充足的操作材料对促进婴幼儿各方面的发展是很重要的。保育员应该能够根据教育目标及内容，协助教师进行环境的创设。创设良好教育活动环境的程序如下。

（1）根据计划要求和婴幼儿的实际情况创设环境。

（2）与教师、家长、婴幼儿共同积累和选择合适的材料制作玩具和教具。

（3）与教师和婴幼儿共同布置环境。幼儿园环境的布置应该是动态的，应以符合婴幼儿活动的需要和实现教育的目标为前提。因此，布置环境的过程就是教育的过程。保育员在布置和准备时，应该让婴幼儿参与进来，了解并尊重他们的想法，满足他们的需要，使环境真正能够为实现对婴幼儿的全面发展教育服务。

（4）创设自由、宽松、和谐、安全的精神环境。在幼儿园的各种教育活动中，婴幼儿能否投入和积极参与是活动能否取得成功的关键。因此在与婴幼儿交往的过程中，保育员应做到以下几点。

1）热爱和尊重婴幼儿，以平等的态度对待孩子。

2）支持婴幼儿活动的想法，想方设法为他们创造活动的条件。

3）以积极的态度与婴幼儿交往，特别是在孩子犯错误时也不能讽刺、打击孩子，应该始终让孩子感到保育员是爱他的，即使是在他犯错误的时候。

2. 创设良好教育活动环境应注意哪些问题？

【答题思路】

在布置环境的过程中应该尊重学前儿童的想法，满足孩子的愿望，体现孩子是教育主体的思想；做好家长工作，充分调动家长参与环境布置的主动性和积极性。

【解答】

参考答案：保育员应该能够根据教育目标及内容，协助教师进行环境的创设。创设良好教育活动环境应注意以下问题。

（1）在布置环境的过程中应该尊重学前儿童的想法，满足孩子的愿望，体现孩子是教育主体的思想。

（2）做好家长工作，充分调动家长参与环境布置的主动性和积极性。

考核要点31——对婴幼儿进行基本的安全常识教育

重点掌握

◇婴幼儿安全自护教育的知识。

失分点

◇忽略通过游戏和日常生活对婴幼儿进行安全自护教育。

【训练1：填空题】

1. 幼儿生活中的自我保护教育主要涉及________、睡眠、居住、着装、行路安全、________知识、心理等方面。

【答题思路】

幼儿生活中的自我保护教育主要涉及饮食、睡眠、居住、着装、行路安全、疾病知识、心理等方面。

【解答】

答案：饮食　疾病

2. 当发现室内有毒气、烟雾时，保育员要带领幼儿到________躲避，并用________捂住鼻子尽快离开。

【答题思路】

当发现室内有毒气、烟雾时，保育员要带领幼儿到较低的地方躲避，并用湿毛巾捂住鼻子尽快离开。

【解答】

答案：较低的地方　湿毛巾

3. 保育员应教给幼儿简单的防火知识，知道火警电话是________，知道水、土、沙子都能灭火，见到燃烧的烟头和小火苗时要________它。

【答题思路】

保育员应教给幼儿简单的防火知识，知道火警电话是119，知道水、土、沙子都能灭火，见到燃烧的烟头和小火苗时要踩灭它。

【解答】

答案：119　踩灭

4. 组织幼儿游泳前应做好充分的________，不能在饥饿、________情况下组织幼儿游泳。

【答题思路】

组织幼儿游泳前应做好充分的准备活动，不能在饥饿、疲劳情况下组织幼儿游泳。

【解答】

答案：准备活动　疲劳

5. 保育员要让幼儿知道当与家人失散时，应走向有________、有________的地方呼救。

【答题思路】

保育员要让幼儿知道当与家人失散时，应走向有警察、有工作人员的地方呼救。

【解答】

答案：警察　工作人员

6. 保育员应教育幼儿在室外遇雷雨时，为防雷击不要在________避雨，也不要在________或________行走。

【答题思路】

保育员应教育幼儿在室外遇雷雨时，为防雷击不要在大树下避雨，也不要在山坡上或空旷的高地上行走。

【解答】

答案：大树下　山坡上　空旷的高地上

7. 防毒标志提示人们尽量避开，不要随便________，以及不能________。

【答题思路】

防毒标志提示人们尽量避开，不要随便触摸，以及不能打破更不能误食。

【解答】

答案：触摸　打破更不能误食

8. 急救电话是________，报警电话是________。

【答题思路】

急救电话是120，报警电话是110。

【解答】

答案：120　110

【训练2：问答题】

1. 分析下面的案例。

周末下午，班里只剩下两个小朋友未离园，保育员张某在活动室中间准备点蚊香，打火机老打不着，就顺手把打火机放在幼儿的椅子上，让明明小朋友到储藏室找火柴，叫红红小朋友帮忙拿着蚊香在原地等候，自己则到隔壁班借打火机。明明找来火柴后，保育员点燃蚊香，顺手把打火机和火柴放在了点燃的蚊香旁边，然后锁好门，带着明明和红红到户外等家长。

请根据案例回答问题：

(1) 你如何评价该案例中保育员的做法。

(2) 谈谈保育员应如何对幼儿进行防火教育。

【答题思路】

对幼儿进行防火教育：(1) 告知幼儿灭蚊的意义。(2) 告知幼儿点火是大人干的活，小朋友不能划火柴、玩打火机，不能靠近火源，灭蚊时要离开现场，以防中毒。

【解答】

参考答案：

保育员的做法是错误的。

错误1：火柴放在储藏室幼儿能拿到的地方。

错误2：打火机放在火源附近。

错误3：当着幼儿的面点火。

对幼儿进行防火教育：(1) 告知幼儿灭蚊的意义。(2) 告知幼儿点火是大人干的活，小朋友不能划火柴、玩打火机，不能靠近火源，灭蚊时要离开现场，以防中毒。

2. 幼儿溺水，保育员如何进行现场处理？怎样预防类似事故的发生？

【答题思路】

进行现场急救→进行人工呼吸→联系急救中心或最近的医院→预防类似事故的发生。

【解答】

参考答案：

进行现场急救：首先为落水幼儿控水，其次进行人工呼吸；如果溺水幼儿的心跳停止，在人工呼吸的同时要进行胸外按压。在上述抢救的同时，要抓紧时间联系急救中心或最近的医院，争取最大的抢救机会。

预防类似事故的发生：(1) 经常教育幼儿不要在距离水边较近的地方玩耍；(2) 游泳要注意安全，不在水流急的地方游泳；也不要在饥饿、疲劳的情况下游泳，游泳前要做好充分的准备活动，以免在水中发生腿抽筋，造成溺水事故；(3) 遇到同伴溺水时要学会呼救。

3. 结合教育实践，谈谈如何对婴幼儿实行安全自护教育。

【答题思路】与【解答】

参考答案：

（1）教给婴幼儿生活和活动的自我保护知识，包括饮食、着装、居住、睡眠、行路安全、疾病以及活动方面。

（2）教会婴幼儿在意外情况下学会自我保护，培养婴幼儿防丢失、防拐骗和防坏人、防不测发生和防突发灾害的能力，并注重培养婴幼儿的心理自护能力。

（3）科学实施婴幼儿自护教育。自护常识和活动要求的难易程度要考虑婴幼儿的接受能力，遵循由浅入深、由易到难、循序渐进的教育原则，教育的内容要由近到远、由己及彼，不脱离婴幼儿的生活范围，并且教育的频率要适度。

考核要点 32——对初级和中级保育员进行培训和指导

重点掌握

◇能在一日生活中对初级和中级保育员进行指导。

失分点

◇指导过程中的失误。

【训练：问答题】

简述对初级和中级保育员进行培训和指导的工作程序。

【答题思路】与【解答】

参考答案：

（1）在实际操作中，能对初级、中级保育员讲清保育员工作的内容、工作职责和工作要求。

（2）在实际操作中，能对初级、中级保育员讲清每一个工作环节的工作要点，并能进行示范。

（3）在实际操作中，能对初级、中级保育员的工作进行简单的评价。

（4）能指导初级、中级保育员写出保育工作计划、总结和撰写专业文章。

模拟考核

高级保育员操作技能考核试卷
(笔答部分)

注意事项

1. 本职业操作技能考核时间：180 分钟。
2. 请首先按要求在试卷的标封处填写您的姓名、准考证号和所在单位的名称。
3. 请仔细阅读各种题目的回答要求，在规定的位置填写您的答案。
4. 不要在试卷上乱写乱画，不要在标封区填写无关的内容。

	一	二	总分
得分			

得分	
评分人	

一、问答题（第 1～5 题。每题 10 分，共 50 分）

1. 观看案例演示片 3 遍，答出保育员在进行日托幼儿园晨检工作时，程序中出现的工作失误中的 3 个，并答出相应的正确做法。保育员对婴幼儿进行全日观察的重点是什么？(10 分)

案例演示片场景描述：晨检时间，保育员站在教室门口接待来园的孩子。有两个小朋友跟教师打了声招呼，保育员分别检查了两个孩子的额头及下颌，并询问孩子有没有不舒服，就让孩子们进入了教室。一个家长带着一个小男孩进了教室，互相打过招呼后，家长对保育员说：“星期天他去了表哥家，他表哥得了手足口病，不过他的身体还是挺好的。”保育员说：“是吗，让老师看看。”然后撩起孩子的衣服看了看孩子前胸和后背，说：“真的没事，放下书包去玩吧！”紧接着，另一个家长带着他的女儿进了教室，并且拿了一瓶药对保育员说：“医生说她的身体不好，需要补充维生素，请您按时给她服药。”保育员接过药瓶，顺手放在桌子上，然后就去照看孩子们了。

2. 观看案例演示片3遍，答出保育员在配合、参与、指导幼儿室内游戏活动中出现的工作失误中的2个，并答出相应的正确做法。保育员解决游戏和教学活动中出现的问题有哪些注意事项？(10分)

案例演示片场景描述：有个小朋友自己拿着布娃娃在玩，保育员走过来看着他，指责小朋友把娃娃抱反了，说："没有这样玩的。你把娃娃脸盖住了，闷死了。打娃娃，不会当爸爸啊？"还告诫小朋友说："不想玩就放下！"然后就走开了。保育员坐到搭积木的小朋友旁边，要求他坐起来玩，摆好看一点。保育员示范，然后让小朋友注意看，说："连个积木都不会摆。"保育员让小朋友去找积木。这时有两个小朋友追跑着在抢变形金刚玩具，保育员过来问怎么回事，然后劝其中一个小朋友把玩具让给另一个小朋友玩，这个小朋友很生气地走开了。

3. 观看案例演示片3遍，答出保育员在配合室外体育活动中出现的工作失误中的3个，并答出相应的正确做法。配合室外教育活动，保育员给婴幼儿增减衣服有哪些注意事项？(10分)

案例演示片场景描述：体育活动开始，幼儿在室外进行平衡和跑步的游戏活动。平衡木下面没有放置海绵垫子，小朋友从平衡木上快步走过后，地上飞起一片纸片，活动中平衡木有点不平稳。

在做平衡游戏的时候，保育员在旁边观看，没有对幼儿进行保护，有一个个子较小的幼儿小心翼翼地走到平衡木的尽头时不敢往下跳，左顾右盼，面有难色，保育员仍坐在旁边说："没关系的，大胆往下跳。"于是这个幼儿跳下了平衡木，继续往前跑。

幼儿活动持续进行，有的幼儿的衣服松散，有的没有扣纽扣，有的鞋带没系好，在跑步的游戏过程中就松开了。

活动将近结束时，有些幼儿满头大汗，满脸通红，有的撩起衣服就擦汗，有的幼儿分别用两只胳膊擦脸上的汗。

教师宣布游戏活动结束后，让部分幼儿把活动器材放回原来的地方，几个幼儿跑过去搬平衡木，保育员没看着，也没说怎么搬。搬平衡木时，有个小朋友险些被绊倒。平衡木搬走了，还落下一个底座。

4. 在幼儿的预防接种工作中，保育员应该做的工作主要有哪些？谈谈你是如何配合你园的保健医生做好幼儿预防接种工作的。(10 分)

5. 分析下面的案例。(10 分)

肥胖儿彭彭每天吃得快、吃得多，被保育员陈某选为小朋友学习的榜样。一天，进餐时，陈某说："看，彭彭又举手要添饭了。"陈某特意把给彭彭盛的饭压了又压，装得满满实实的，还给他加了两块红烧肉。

请结合案例分析判断保育员陈某的做法正确吗？谈谈在幼儿园中，保育员应如何照顾肥胖儿的膳食。

得分	
评分人	

二、填空题（第1～20题。请将正确答案填入题内空白处。每题2分，共40分）

1. 做好经常性预防工作的重要内容和要求是：做好日常________工作，消灭________，减少疾病传播的机会。

2. 病毒性腮腺炎发生后，保育员要配合保健医生督促全班的婴幼儿口服________，预防腮腺炎。

3. 水痘发生后，患儿应________，保育员对班级活动室、寝室里的空气和物品进行消毒，开窗通风________小时。

4. 消化道传染病发生后，被褥可用________消毒；对传染病患儿的呕吐物或排泄物可用________进行搅拌消毒。

5. 发生肠道传染病时，食具、水碗、奶瓶、毛巾、餐巾等要用消毒剂浸泡________分钟，玩具、图书要用5%的来苏液消毒剂以________的方法消毒10分钟。

6. 营养不良常是由于患有急慢性感染或________不当，或________不合理，或有不良的饮食习惯等造成的。

7. 保育员应培养幼儿________、________洗手的良好卫生习惯。

8. 泌尿系统由________、输尿管、________、尿道组成。

9. 保育员应了解婴幼儿在家中睡眠的________和临时情况，以便随时调整________，以应付突发的情况。

10. 睡眠时人体生长激素大量分泌，有助于促进婴幼儿身高的________和大脑皮层的________。

11. 受婴幼儿学习特点的影响，幼儿园教育形式不能过于单一，而应是________的综合，以满足婴幼儿________。

12. 在幼儿园进行的各种教育活动中，保育员要认真观察孩子和教师的行为，及时了解教育________和孩子活动的需求，及时与教师________，共同搞好教育活动。

13. 请排出确定教育目标具体做法的顺序，依次写出顺序号________。

A. 将《幼儿园教育指导纲要》的要求与本班婴幼儿的发展情况进行对照

B. 观察婴幼儿的行为表现，了解他们的发展情况

C. 根据对照的结果确定教育的目标

14. 在室外教育活动中要做到动静交替，随时调整婴幼儿的________，使孩子既

能充分活动，又不至于过分________。

15. 保育员应根据计划，组织并参与婴幼儿的活动，在活动中注意观察婴幼儿的________，特别是体弱儿、患病儿和________的情况，发现问题及时解决。

16. 保育员应教育幼儿在室外遇雷雨时，为防雷击，不要在________避雨，也不要在________行走。

17. 保育员应教给婴幼儿简单的防火知识，知道火警电话是________，知道水、土、沙子都能灭火，见到燃烧的烟头和小火苗时要________它。

18. 当发现室内有毒气、烟雾时，保育员要带领幼儿到________躲避，并用________捂住鼻子尽快离开。

19. 防毒标志提示人们尽量避开，不要随便________，以及不能________。

20. 幼儿生活中的自我保护教育主要涉及________、睡眠、居住、着装、行路安全、________知识、心理等方面。

高级保育员操作技能考核试卷

（实操部分）

三、实际操作题（10 分）

考核要求：简单设计并画出一幅“海底世界”的主题画。

高级保育员操作技能考核试卷

标 准 答 案

一、问答题（每题10分，共50分）

1. 观看案例演示片3遍，答出保育员在进行日托幼儿园晨检工作时，程序中出现的工作失误中的3个，并答出相应的正确做法。保育员对婴幼儿进行全日观察的重点是什么？(10分)

答案及评分标准：答出其中任意3处错误并改正，9分；答出保育员对婴幼儿进行全日观察的重点，1分。

工作失误1：保育员没有按照日托幼儿园晨检的方法给幼儿进行晨检。(1分)

正确做法：一摸、二看、三问、四查。(2分)

工作失误2：保育员没有对婴幼儿带来的药物做好登记，还随意把药物放在桌子上。(1分)

正确做法：保育员要对婴幼儿带来的药物做详细的登记，并将它们放在婴幼儿够不到的地方。(2分)

工作失误3：保育员未详细了解婴幼儿有无与患者接触。(1分)

正确做法：应该向家长或婴幼儿了解患者发病时间和接触史。(2分)

工作失误4：保育员检查部位不正确。(1分)

正确做法：除了晨检常规检查的部位外，应该针对手足口病的特点认真检查口腔、双手掌、双脚有无红点。(2分)

工作失误5：没有填写“幼儿园晨检记录表”。(1分)

正确做法：应根据晨检情况认真填写好“幼儿园晨检记录表”。(2分)

保育员对婴幼儿进行全日观察重点：全日观察重点是婴幼儿的精神、食欲、大小便、体温及睡眠等。(1分)

2. 观看案例演示片3遍，答出保育员在配合、参与、指导幼儿室内游戏活动中出现的工作失误中的2个，并答出相应的正确做法。保育员解决游戏和教学活动中出现的问题有哪些注意事项？(10分)

答案及评分标准：答出其中任意2处错误并改正，6分；答出解决游戏和教学活动中出现问题的注意事项，4分。

工作失误1：保育员观察到婴幼儿在“娃娃家”游戏中的错误行为，但并没有给予正确、及时、有效的教育指导。(1分)

正确做法：(1) 保育员应在参与婴幼儿具体的某项活动前，与本班教师进行充分的沟通，了解本次活动的具体教学目标，掌握幼儿通过活动在发展方面应该达到的水平，以及在指导婴幼儿活动过程中应该注意的问题。(2) 保育员可以以长辈的身份进入游戏，通过轻手轻脚地抱“孩子”，轻言轻语地与“孩子”说话等行为，给婴幼儿做出良好的榜样，帮助婴幼儿理解所扮演角色的责任和行为。(2 分)

工作失误 2：保育员在对搭积木的婴幼儿进行指导和帮助时，时机没有掌握好，客观上干扰了孩子的活动。(1 分)

正确做法：在不去干扰婴幼儿活动的情况下，给孩子机会自己去尝试，让其在重复搭建的过程中锻炼搭积木的技能，并感受到搭积木的快乐。(2 分)

工作失误 3：保育员不恰当地处理婴幼儿争执事件，在婴幼儿发生争吵的时候充当了“裁判员”的角色。这种做法，容易使婴幼儿养成过分依赖的毛病，稍有小事就找保育员。(1 分)

正确做法：保育员应该对孩子说：“老师相信你们能够想到一个好办法来解决这个问题，你们想想应该怎么处理比较好呢。”给孩子创造依靠自己的能力解决问题的机会，从而锻炼婴幼儿独自解决问题的能力。(2 分)

保育员指导个别婴幼儿参与此活动的注意事项：(1) 尊重和信任婴幼儿；(2) 掌握与婴幼儿交往的正确方法；(3) 注意用体态语言与婴幼儿交流。(4 分)

3. 观看案例演示片 3 遍，答出保育员在配合室外体育活动中出现的工作失误中的 3 个，并答出相应的正确做法。配合室外教育活动，保育员给婴幼儿增减衣服有哪些注意事项？(10 分)

答案及评分标准：答出其中任意 3 处错误并改正，9 分；答出保育员给婴幼儿增减衣服的注意事项，1 分。

工作失误 1：保育员在活动前没有将活动场地清理干净，没有准备好护垫。(1 分)

正确做法：应在活动前了解清楚活动所需要的场地、设备和材料的基本要求，并做好初步的检查准备工作。(2 分)

工作失误 2：保育员没有帮助婴幼儿检查衣服和鞋袜，也没有提醒、帮助婴幼儿减脱衣服、擦汗。(1 分)

正确做法：保育员应该帮助婴幼儿检查衣服和鞋袜，并及时根据婴幼儿的活动情况提醒、帮助婴幼儿减脱衣服、擦汗。(2 分)

工作失误 3：保育员没有为婴幼儿每人准备一条擦汗巾。(1 分)

正确做法：为婴幼儿每人准备一条擦汗毛巾，而且擦汗巾要专人专用。(2 分)

工作失误 4：保育员在活动中没有及时了解婴幼儿的需要和求助，适时地给予照料、帮助指导。(1 分)

正确做法：保育员在活动中应及时了解婴幼儿的需要和求助，适时地给予帮助和指导。(2 分)

工作失误 5：活动结束后，保育员没有帮助婴幼儿整理衣物和协助幼儿收拾、整理活动器材。(1 分)

正确做法：保育员应该帮助婴幼儿整理好衣物，并协助、指导婴幼儿收拾、整理好活动器材。(2 分)

配合室外教育活动，保育员给婴幼儿增减衣服的注意事项：(1) 婴幼儿在户外活动前，保育员要根据气温和活动内容为婴幼儿准备户外活动服装；(2) 在活动中注意观察体弱儿和肥胖儿的情况，根据婴幼儿的活动情况为其增减衣服。(1 分)

4. 在幼儿的预防接种工作中，保育员应该做的工作主要有哪些？谈谈你是如何配合你园的保健医生做好婴幼儿预防接种工作的。(10 分)

答案及评分标准：

保育员应为预防接种所做的工作有：准备工作、统计人数、保证接种的秩序、接种中和接种后的异常问题及处理。

(1) 保育员在平时预防接种工作中，应做的准备有：通知家长，了解接种的内容。

1) 通知家长。在预防接种的前一天，保育员应该通知家长，为婴幼儿洗澡、清洁皮肤，以防接种部位感染。保育员应保证婴幼儿当天早餐吃饱，不空腹。(1 分)

2) 了解接种的内容。保育员应该了解此次接种的名称、目的，以及接种的注意事项。(1 分)

(2) 人数统计。接种前，保育员协助教师统计当天到园的人数和名单，并做准确的记录；同时记录班级生病未到园婴幼儿的名单以便及时补种，并将在园但身体不适的婴幼儿的症状及时通知医务室，由医生决定是否接种。(2 分)

(3) 保证接种秩序

1) 清点人数。要求、协助婴幼儿按照名单的顺序排队，尽量让其记住自己在队伍中的位置。(1 分)

2) 鼓励婴幼儿勇敢，不哭闹。(1 分)

3) 协助接种工作。接种中与本班教师配合，一人站在接种婴幼儿的旁边，一人站在队尾。亲切地问候婴幼儿，与婴幼儿轻松地交谈，以减轻紧张的情绪。同时要维持秩序。(1 分)

4) 预防接种后的协助工作。预防接种后，组织婴幼儿进行轻微活动，注意避免受凉、受热，注意观察婴幼儿的体温、食欲和精神，发现异常应送医务室检查。(1 分)

(4) 异常问题及处理。接种时，婴幼儿可能会由于害怕、空腹等出现“晕针”。针对这种情况，可让婴幼儿平卧，喝些糖水，安静休息，不久即可恢复。接种后24小时会有局部或全身的反应，如注射部位红肿疼痛，严重者可引起附近淋巴结肿大，有压痛。身体可出现发烧、头疼、恶心、呕吐等症状，1～2天后消失。对注射处出现的红肿，可采用局部热敷的方法，几周后可消肿。如婴幼儿发烧，可遵医嘱服用退热药。注意区分预防接种的反应与疾病的症状。(2分)

5. 分析下面的案例。(10分)

答案及评分标准：

保育员的做法不正确。(1分)

对肥胖儿的照顾应侧重于帮他们减肥，幼儿减肥的原则是：在保证幼儿生长发育所需的膳食营养平衡的基础上，控制脂肪和糖的摄入量。(2分)

对肥胖儿的照顾应注意以下几点。

(1) 限制进食量。进餐时应在满足幼儿基本营养及生长发育需要的前提下，适当限制肥胖儿的食量。当肥胖儿要求添饭时，应给予体积大、热量低的食物，多给蔬菜，尽量少添加主食。(3分)

(2) 控制进食速度。在进餐过程中，保育员应不断提醒肥胖儿放慢咀嚼和吞咽的速度，要求他们细嚼慢咽，一定要咀嚼细碎后再吞咽。(2分)

(3) 家、园相互配合。保育员应与家长配合，使肥胖儿在园内和在家庭都能按照科学的原则调整膳食，经常鼓励并树立家长对肥胖儿减肥的信心，持之以恒。(2分)

二、填空题（每题2分，共40分）

1. 清洁消毒　蚊蝇
2. 板蓝根
3. 马上隔离　3
4. 日晒　石灰或漂白粉乳液
5. 15　重点擦拭
6. 喂养　膳食选配
7. 饭前饭后　便前便后
8. 肾　膀胱
9. 一般规律　个别婴幼儿的保育策略
10. 增长　发育
11. 多种形式　活动的需要
12. 动态　沟通

13. B—A—C

14. 活动量 疲劳

15. 活动状况 个别儿童

16. 大树下 山坡上或空旷的高地上

17. 119 踩灭

18. 较低的地方 湿毛巾

19. 触摸 打破更不能误食

20. 饮食 疾病

三、实际操作题（10分）

评分标准

序号	考核项目	项目要求	评分要素	配分	评分标准
1	准备工作	物品准备	所用工具、用具齐全，纸张无缺失损坏	1	每少一件扣0.5分
2	仪表仪容	按要求着装，不浓妆艳抹，自然得体	不穿高跟鞋，不留长指甲、涂指甲油，不披发，穿戴符合幼教要求	1	每违反一项从总分中扣0.3分（此项由监考人员负责）
3	操作程序	按名称绘画	明确主题，符合要求	8	不符合要求扣1分
		绘画技法	线条流畅，造型准确		表现物体特征不准确一处扣0.2分，比例结构不恰当一处扣0.2分，线条运用不够有力、流畅一处扣0.2分
		整体效果	画面整洁，整体效果好		重画一处扣0.2分，画面不干净扣0.5分
4	考试时限	操作时间为10分钟	提前完成不加分，时间到停止操作		时间到继续操作者扣1分。每超过1分钟从总分中扣0.5分
合计				10	

高级保育员技能考核通知单（考生）

姓名：＿＿＿＿＿＿　准考证号：＿＿＿＿＿＿　单位：＿＿＿＿＿＿

由考场准备。

高级保育员操作技能考核准备通知单（考场）

姓名：＿＿＿＿＿＿　准考证号：＿＿＿＿＿＿　单位：＿＿＿＿＿＿

1. 设备准备

序号	名称	规格	单位	数量	备注
1	笔试考场		间	1	能容纳考生
2	课桌		张	同考生数	
3	课椅		把	同考生数	
4	答题纸	A4	页	若干	
5	能播放 AVI 格式录像文件的计算机及投影仪器		台	1	保证能集中放映录像
6	能播放 AVI 格式录像文件的计算机教室	统一受控播放耳机接听			计算机台数同考生数量，中控播放可用服务器通过计算机局域网或使用语音实验室设备

注：第 5 项和第 6 项具备其一即可，至少保证第 5 项，最好达到第 6 项。

2. 其他准备

考场需要根据试卷上的录像案例分析题，提前准备出三段录像文件“晨检”“配合、参与、指导幼儿室内游戏活动”和“配合室外教育活动”，并在考试开始后将每段录像连续播放 3 遍，每段录像间停顿 10 分钟。